继续
教育

继续(网络)教育系列规划教材

荣获全国高校现代远程教育协作组评比"网络教育教材建设金奖"

社会保险

SHEHUI BAOXIAN

陈岩 杨鑫 主编

西南财经大学出版社
Southwestern University of Finance &
Economics Press

中国·成都

图书在版编目(CIP)数据

社会保险/陈岩,杨鑫主编.—成都:西南财经大学出版社,
2017.7

ISBN 978 - 7 - 5504 - 3170 - 6

Ⅰ.①社… Ⅱ.①陈…②杨… Ⅲ.①社会保险

Ⅳ.①F840.61

中国版本图书馆 CIP 数据核字(2017)第 197173 号

社会保险

陈岩　杨鑫　主编

责任编辑:李晓嵩
助理编辑:王琳
责任校对:唐一丹
封面设计:穆志坚　张姗姗
责任印制:封俊川

出版发行	西南财经大学出版社(四川省成都市光华村街55号)
网　址	http://www.bookcj.com
电子邮件	bookcj@foxmail.com
邮政编码	610074
电　话	028 - 87353785　87352368
照　排	四川胜翔数码印务设计有限公司
印　刷	郫县犀浦印刷厂
成品尺寸	185mm×260mm
印　张	9
字　数	195 千字
版　次	2017 年 9 月第 1 版
印　次	2017 年 9 月第 1 次印刷
印　数	1—2000 册
书　号	ISBN 978 - 7 - 5504 - 3170 - 6
定　价	19.80 元

继续（网络）教育系列规划教材
编审委员会

主　任：杨　丹

副主任（按姓氏笔画排序）：

冯　建　陈顺刚　唐旭辉

委　员（按姓氏笔画排序）：

冯　建　吕先镕　杨　丹　李永强

李良华　陈顺刚　赵静梅　唐旭辉

总 序

随着全民终身学习型社会的逐渐建立和完善，业余继续（网络）学历教育学生对教材质量的要求越来越高。为了进一步提高继续（网络）教育的人才培养质量，帮助学生更好地学习，依据西南财经大学继续（网络）教育人才培养目标、成人学习的特点及规律，西南财经大学继续（网络）教育学院和西南财经大学出版社共同规划，依托学校各专业学院的骨干教师资源，致力于开发适合继续（网络）学历教育学生的高质量优秀系列规划教材。

西南财经大学继续（网络）教育学院和西南财经大学出版社按照继续（网络）教育人才培养方案，编写了专科及专升本公共基础课、专业基础课、专业主干课和部分选修课教材，以完善继续（网络）教育教材体系。

本系列教材的读者主要是在职人员，他们具有一定的社会实践经验和理论知识，个性化学习诉求突出，学习针对性强，学习目的明确。因此，本系列教材的编写突出了基础性、职业性、实践性及综合性。教材体系和内容结构具有新颖、实用、简明、易懂等特点，对重点、难点问题的阐述深入浅出、形象直观，对定理和概念的论述简明扼要。

为了编好本套系列规划教材，在学校领导、出版社和各学院的大力支持下，成立了由学校副校长、博士生导师杨丹教授任主任，博士生导师冯建教授以及继续（网络）教育学院陈顺刚院长和唐旭辉研究员任副主任，其他部分学院领导参加的编审委员会。在编审委员会的协调、组织下，经过广泛深入的调查研究，制定了我校继续（网络）教育教材建设规划，明确了建设目标。

在编审委员会的协调下，组织各学院具有丰富继续（网络）教育教学经验并有教授或副教授职称的教师担任主编，由各书主编组织成立教材编写团队，确定教材编写大纲、实施计划及人员分工等，经编审委员会审核每门教材的编写大纲后再进行编写。自2009年启动以来，经几年的打造，现已出版了七十余种教材。该系列教材出版后，社会反响较好，获得了教育部网络教育教材建设评比金奖。

下一步根据教学需要，我们还将做两件事：一是结合转变教学与学习范式，按照理念先进、特色鲜明、立体化建设、模块新颖的要求，引进先进的教材编写模块来修订、完善已出版的教材；二是补充部分新教材。

希望经多方努力，将此系列教材打造成适应教学范式转变的高水平教材。在此，我们对各学院领导的大力支持、各位作者的辛勤劳动以及西南财经大学出版社的鼎力相助表示衷心的感谢！在今后教材的使用过程中，我们将听取各方面的意见，不断修订、完善教材，使之发挥更大的作用。

西南财经大学继续（网络）教育学院

序

中国社会保险制度 30 多年来的改革大方向是多层次社会保险体系的构建。一方面，越来越多的人被社会保险覆盖；另一方面，当前存在的问题和未来面临的挑战也越来越突出，如人口老龄化的挑战、多种制度并存的公平性、制度缺乏参与激励以及养老保险基金的管理等问题。对于中国社会保险制度的未来选择已经有众多讨论，西方学者提出针对现行养老保险制度进行较为彻底的改革，发展国民养老保险，采用非缴费型制度，由中央财政提供支持，定位于消除老年贫困。世界银行的建议则强调对现有制度参数进行调整，如个人账户的支付水平应符合精算平衡的要求、提高退休年龄等。

从未来看，社会保险制度改革不仅要考虑人口老龄化的背景，还需看到城市化带来的机遇以及经济全球化提出的要求。与此同时，社会保险制度的可持续运行还依赖于制度本身的改革，要提高企业和个人的参与激励。就政策选择而言，保持一个全覆盖、适当水平的社会保险制度是必要的。当下部分欧洲国家的债务危机暴露出经济衰退和老龄化趋势下沉重的养老金负担，对于中国是一种警示，有必要从新的视角审视社会保障体系建设。

人口老龄化带给我们挑战的同时，也带来了机遇。"积极老龄化"是进入 21 世纪以来国际组织提出的应对世界人口快速老龄化的新政策理念。积极老龄化包括健康、保障和参与三大政策，大体又可概括为两个基本方面：一是要求政府与社会采取积极有效的措施和行动为老年人提供生存质量保障；二是强调老年人重视自身社会价值，促进其参与社会、经济、文化、精神和公民事务，为国家、社区、家庭及其本人的发展做出积极的贡献。老年人群体不是社会的包袱，而是亟待挖掘的宝藏，需要创新思维来应对我们面临的挑战和机遇。养老产业、老龄金融、医养结合等理念的提出和实践，使我们正在"积极老龄化"的道路上前行。保障和改善民生，提高国民福利，提升居民幸福指数，让百姓共享更多经济发展成果，才是经济增长和一切改革的目的和归宿。

前 言

风险、危险与保险是人类社会进程中的永恒话题。

历史上的风险和危险通常表现或局限于自然危险，对危险后果的处理也主要依靠个人或家庭；现代社会的风险与危险，无论是性质、种类还是规模都发生了质的变化，而且对风险和危险后果的处理也主要通过社会化的保险机制来解决。毋庸置疑，在现代社会里，没有这样一个保险机制或者风险处理系统，一个独立单位或被保险人无法对绝大多数的生活、社会中的风险进行评估和处理。

本书从现代社会的经济与社会风险保障角度出发，认为社会保险是在公民遭受风险，暂时或永久丧失劳动能力、中断收入时，政府有责任为他们提供各类社会保险，为被保险人提供经济保障的一种制度安排。针对劳动者面临的老年风险、疾病风险、生育风险、死亡风险、工伤风险和失业风险等，政府建立养老保险、医疗保险等社会保险制度，对劳动者遭受的损失进行经济补偿。为此，本书立足我国改革实际，努力探索社会保险运行机制，着重介绍社会保险的基本理论、基本原理、基础知识和国内外社会保险改革理论和实践的新发展，力求全面和系统地反映我国社会保险的研究成果，体现教材特色。

本书内容包括：第一章为社会保险的内涵与功能，第二章为社会保险制度的发展演变，第三章为社会保险管理，第四章为社会保险基金，第五章为养老保险，第六章为医疗保险，第七章为生育保险，第八章为失业保险，第九章为工伤保险，第十章为社会保险的经济效应。作为一本实用型教材，本书内容体系严谨协调，知识结构布局合理，力求浅显易懂，以期在较短的篇幅中给读者以最大的信息量。本书有适量的例题和习题，以便读者能深入理解、掌握和运用社会保险的基本原理。本教材可供保险专业本科、专科学生使用，也可供保险行业在职人员以及想了解社会保险知识的一般读者参考。

由于社会保险制度的复杂性以及社会保险制度也处在不断调整和完善的过程中，同时囿于编写人员的水平，本书难免存在不足，希望读者、同行不吝指正。读者在使用本书时，结合目前社会保险改革的热点问题进行理解和学习。

目 录

1 社会保险的内涵与功能

1.1 现代社会的经济保障问题

1.1.1 现代社会的经济与社会风险

风险通常指损失发生的不确定性。在人们日常生活中，各种风险随时随地有可能发生，如自然灾害、人身意外伤亡、疾病、失业等。归纳起来，影响劳动者经济保障与收入的经济风险和社会风险主要有以下几种：

1. 老年风险

在统计学或公共行政学中，老年是指年满 60 周岁或 65 周岁以上的人。在现代社会中，人到老年后出现的经济问题主要表现在以下几方面：

（1）就业机会减少，乃至完全丧失就业机会，收入来源锐减。在工业化国家，劳动者进入法定退休年龄时必须退休已成为一种制度安排。在这种制度安排下，老年人的退休生活很大一部分靠退休金来维持。对大多数人而言，再就业很难实现，或是根本无法实现，因而收入来源较少，结构单一，个人储蓄率也随之降低。

（2）退休收入风险。此种风险主要由两方面造成：一方面是长寿风险。随着人口老龄化程度的加剧，长寿风险已成为各国政府、企业和个人所面临的一类新型的、日益严重的社会风险。从广义上说，长寿风险是指个人或总体人群未来的平均实际寿命高于预期寿命所产生的风险。个体长寿风险（Individual Longevity Risk）是指个人在其生存年限内的支出超过了自身所积累的财富，此类风险可通过参加相关养老保险计划进行管理，如参加政府的社会养老保险、参加企业的养老金计划、购买人寿保险公司的年金产品等。总体人群的长寿风险称为聚合长寿风险，是指一个群体的平均生存年限超过了预期的年限，该风险是无法根据大数法则进行分散的系统风险。另一方面是通货膨胀风险。在现代市场经济条件下，通货膨胀不可避免，物价高涨也使得老年人退休后的各项费用支出增加，给老年人生活带来不利影响。

（3）传统的家庭养老制度受到冲击。受现代工业文明的影响，家庭养老这种农耕文明下的传统正受到冲击。费孝通先生在比较中西文化中养老模式的差异时指出："西方的公式是 $F_1 \rightarrow F_2 \rightarrow F_3 \rightarrow F_n$，而中国的公式是 $F_1 \leftrightarrow F_2 \leftrightarrow F_3 \leftrightarrow F_n$（$F$ 代表世代，$\rightarrow$ 代表抚育，$\leftarrow$ 代表赡养）。在西方是甲代抚育乙代，乙代抚育丙代，是一代一代接力的模式，简称'接力模式'。在中国是甲代抚育乙代，乙代赡养甲代，乙代抚育丙代，丙代赡养乙代，是下一代对上一代都要反馈的模式，简称'反馈模式'。"① 但随着工业化的冲击，传统的大家庭逐渐解体，逐渐被以核心家庭为主的小家庭取代，养老保障逐步由家庭走向社会，家庭保障功能弱化，政府社会保障功能增强。

2. 疾病风险

疾病风险狭义上是指由人身所患疾病带来的经济、生理、心理等损失的风险，广义的疾病风险则包括人身的疾病、生育以及伤害等方面存在或引起的风险。疾病风险具有较大的不可避免性、随机性和不可预知性，风险不但可因自然灾害、意外事故发生，而且生理、心理、社会、环境、生活方式诸因素均可导致或表现为疾病风险。疾病风险往往与其他风险紧密相联，互相交错、相互影响，从而加重风险带来的危害和损失。劳动者罹患疾病，不但正常的收入受到损失，而且还会花费巨额的医疗费用，这无疑会给劳动者本人或其家人的生活带来不利影响。疾病风险的主要危害在于健康损害与因病致贫。

3. 死亡风险

社会保险中的死亡风险指的是"早死"，即劳动者在劳动年龄期限内死亡。在现代社会，大多数劳动者依靠工资收入维持自身和家人的生活开支，劳动者的早死中断了正常的收入来源，家人的生活费、子女的教育费等支付困难，势必大大影响家人的生活。

4. 工伤风险

工伤风险又称为产业伤害、职业伤害、工业伤害、工作伤害，是指劳动者在从事职业活动或者与职业活动有关的活动时所遭受的不良因素的伤害和职业病伤害。国际劳工组织（International Labor Organization，ILO）2017 年 1 月官网数据显示，每一天全世界大约有 6 300 人死于工作事故或与工作相关的职业病，每一年中，工作事故或职业病夺去 230 万人的生命，每年发生 3. 17 亿起工作事故或职业病，造成的经济损失占全球生产总值的 4%。因此，工伤仍然是危害劳动者人身生命安全的主要风险之一。

5. 生育风险

怀孕和分娩的妇女劳动者由于生育而中断劳动，期间收入遭受损失。在现代社会，女性从事经济活动已是大趋势，而生育将会对女性劳动者的收入造成影响，国家或社会建立生育保险制度，是一项对生育的职工提供必要的经济补偿和医疗保健的社会保险制度。

6. 失业风险

失业是工业化社会发展的产物，是现代社会不可避免的现象。从经济学的观点来看，失业在性质上可分为自愿失业和非自愿失业，失业类型可分为周期性失业、技术性失业、结构性失业、摩擦性失业、季节性失业。劳动者失业后，失去收入来源，除非有足够的储蓄或其他收入来源可以利用，否则，劳动者自身及其家人生活将会出现困难。

---

① 费孝通. 家庭结构变动中的老年赡养问题：再论中国家庭结构的变动 [J]. 北京大学学报（哲学社会科学版），1983 (3)：7-16.

1.1.2　现代社会实现经济保障的主要途径

在现代社会，不同国家、不同民族的文化传统和历史背景不同，化解经济与社会风险的途径也各不相同。概括起来，可以分为两类：一类是自我保障，另一类是社会保障。

1. 自我保障途径

自我保障是人们化解经济与社会风险的最原始手段。自我保障的主要形式包括自我储蓄、投保商业保险以及私人间通过非正式合约实现的风险分担等。

（1）自我储蓄。将个人可支配收入的一部分用于储蓄，以备收入中断时所需。自我储蓄的动机之一就是预防未来可能出现的无保障风险。自我储蓄在某种程度上可以有效地缓解未来的风险。但是，由于个人能力所限，又没有互济互助的功能，因而无法化解整个社会范围内的风险，不能实现社会保险的目的。

（2）购买商业保险。个人可以购买商业保险公司的人寿、健康、财产和责任保险，从而获得一定程度的保障。但是由于风险事故发生的概率未知，同时保险公司与被保险人之间存在信息不对称，会造成道德风险和逆向选择的存在以及外部性风险（高风险保户对于私人信息的隐匿导致保险价格提高，对于低风险保户具有负外部性）等，保险市场会出现失灵。另外，商业保险采取自愿原则，投保者可以根据自己的风险态度及对未来的预期，利用商业保险的灵活性，实现有效的风险转移，但商业保险不具有个人之间的互济和互助功能，不能实现缓解贫困的目的和满足社会公平的要求。

（3）参加非正式合约的互助组、共济会。个人在力所能及的范围内，如家庭、社会等，通过缔结某种不具有法律约束力的合约，在参与者之间进行风险分散。这种非正式组织的局限性在于：首先，这种组织的存在必须满足规模足够小和相对稳定这两个条件，否则由于道德风险的存在，将使之陷入困境；其次，非正式合约的互助组、共济会的参与者之间存在着较大的风险相关性，决定了这种方式分散风险的能力较小。

2. 社会保障途径

风险理论的研究表明，某些风险是不可保险的，如战争等，这些风险产生的后果是比较严重的，有些甚至是毁灭性的，它可以使绝大多数人同时处于无保障状态。这些风险无法由商业保险公司进行保障，只能通过社会保障来完成。社会保障是指公民遭受风险时，通过自我保障的方式无法规避时，由国家为他们提供各种形式的帮助。国家可以采取的公共保障措施包括：

（1）社会保险。例如，养老保险、医疗保险、生育保险、工伤保险、失业保险等为被保险人提供基本的经济保障。

（2）社会救助。社会救助主要是为生活在贫困线以下的公民提供最低经济保障，如失业救济、孤寡病残救济、特殊困难救济等。

（3）政府有关政策。例如，实行充分就业政策、相关财政和货币政策，以刺激经济增长，增加就业。

（4）政府有关立法。例如，《中华人民共和国老年人权益保障法》《中华人民共和国残疾人保障法》等为人们提供的法律保障。

1.2 社会保险概论

1.2.1 社会保险的概念

社会保险作为保险的一种，是基于一定的经济风险而存在的。社会保险是政府通过立法强制实施，运用保险方式处置劳动者在遭遇年老、疾病、工伤、残废、生育、死亡、失业等风险时，并为其在暂时或永久丧失劳动能力，失去劳动收入时提供基本的收入保障的法定保险制度。

社会保险的概念包括了以下含义：

（1）社会保险是国家举办和发展的一项社会事业。《中华人民共和国劳动法》第七十条规定："国家发展社会保险事业，建立社会保险制度。"这里强调的是：举办社会保险事业的主体是国家；社会保险是一项社会事业，是促进社会进步、保障社会生产稳定和社会安定的一项社会举措。

（2）社会保险以国家立法为保证和依据。这是强调的是推行社会保险必须要有法律保障和实施社会保险必须依法进行。

（3）社会保险以建立社会保险基金为物质基础。建立社会保险基金是社会保险得以正常进行的必要条件，是实现社会保险的关键所在。

（4）社会保险的保障对象是劳动者。这一含义明确了社会保险的属性，界定了社会保险的范围。

（5）社会保险的目的在于保障当劳动者遭受劳动风险，即在劳动者暂时或永久丧失劳动能力以及失业而丧失生活收入来源时，从社会得到基本生活的物质帮助和补偿。社会保险通过建立保险基金补偿收入损失，借以分散劳动风险。这是社会保险的主要功能，其实质是保证劳动者在特殊情况下参与社会分配。

（6）社会保险是社会保障制度的一种，是社会保障制度的核心部分。社会保险政策是国家社会政策的重要组成部分。

1.2.2 社会保险的特征

社会保险作为一种有特定目标的分配手段，与其他经济行为相比较，具有以下特征：

1. 强制性

强制性是其首要特征。社会保险是由国家通过立法形式强制实施的一种保障制度。所谓强制，是指凡属于法律规定范围的成员都必须无条件地参加社会保险并按规定履行缴费义务。社会保险的缴费标准和待遇项目、保险金的给付标准等均由国家或地方政府的法律法规统一划定。社会保险这一特点确保了社会保险基金具有可靠的资金来源，切实保障了被保险人依法获得经济补偿的权利，从而为社会保险制度得以贯彻提供法律和经济保障。

2. 互济性

互济性是指社会保险按照社会风险共担原则进行组织，贯穿于整个基金筹集、储存和分配过程中。社会保险费由国家、企业、个人三方负担，三方共同建立社会保险基金。由于遭受风险事故的人员在社会上分布不均匀，各地区在遭遇风险事故时的承受能力也是不相等的。从被保险人的角度看，每人一生中遇到的风险事故次数、损失大小是不相同的。因此，必须依靠社会力量来举办社会保险。社会保险实行"我为人人，人人为我"的互济原则，通过多方筹集基金后进行平衡调剂，将个别劳动者在特定情况下的损失和负担，在缴纳保险费的多数主体间（亦可在代际间）进行分摊。

3. 普遍性

社会保险的普遍性主要体现在以下方面：

（1）社会保险实施范围广。一般来说，社会保险的保险项目涵盖所有国民或劳动者面对的年老、失业、疾病、工伤、生育等各种风险，从而促使整个社会协调、稳定地发展。

（2）世界各国普遍建立了各种形式的社会保险制度，都要根据自身国情和实际情况逐步建立并不断完善和发展。现代意义上的社会保险制度已经有130多年的历史，至今全世界已有170多个国家和地区建立了各式各样的社会保险制度（如表1.1所示）。

表1.1　　　　1940—1999年世界社会保险制度情况一览表　　　单位：个

年份\制度个数\险种	疾病、生育保险	失业保险	工伤保险	老年、残障、遗属保险	家庭津贴
1940	24	21	57	33	7
1949	36	22	57	44	27
1958	59	26	77	58	38
1967		34	117	92	62
1976	65				
1977	72	38	129	114	65
1981	79		136	127	67
1983	85	40		130	
1999	112	69	164	167	85

资料来源：林义.社会保险［M］.3版.北京：中国金融出版社，2010：17.

4. 公平性

所谓社会保险的公平性，是指风险出现时，对所有被保险人提供维持特定生活标准的给付，以满足他们的需要。首先，社会保险的公平性是与个人报酬对等性相对的。所谓个人报酬对等性，是指投保人所得到的津贴直接取决于他所缴纳的保险费。社会保险的公平性首先体现为所有参加社会保险的劳动者人人都有权享受社会保障待遇。其次，社会保险待遇既要反映劳动者的长期劳动收入水平，又要通过国民收入再分配平抑高收入者与低收入者之间的差距。最后，社会保险待遇应随物价上涨和社会经济发展而不断提高，以保证享受者实际的生活水平，从而适当享受社会发展成果。

1.2.3 社会保险的功能

社会保险是社会化大生产的产物，是经济发展和社会进步的标志。社会保险在保障社会稳定和促进经济发展方面具有十分重要的功能。

1. 保障劳动者的基本生活，维护社会稳定

维护社会稳定的功能主要是通过对广大劳动者和社会成员的经济生活实施稳定、可靠的基本保障来实现的。天有不测风云，人有旦夕祸福。当劳动者在年老、患病、负伤、生育、残疾、死亡等导致暂时或永久丧失劳动能力时，或者处于失业等状态时，劳动者依法参加了社会保险，就可以依靠国家、单位、个人三方共同筹集的保险基金及时得到基本的生活保障。通过对劳动者及其家庭提供必要保障，劳动者再无后顾之忧，会大大增强社会凝聚力、向心力，确保社会的长治久安。因此，社会保险在西方国家被称之为社会运行的安全网和稳压器。

2. 促进劳动力的再生产与合理流动

社会保险是保障劳动力再生产顺利进行的重要手段。人类社会的再生产，不仅包括物质资料再生产，而且也包括劳动力本身的再生产。劳动者因疾病、伤残、失业等而失去正常的劳动收入，会使劳动力再生产过程处于不正常的状态。劳动者参加社会保险，遭遇上述情形时，按照社会保险有关法律规定，依法可以得到及时的治疗和必要的物质帮助，从而使劳动者恢复健康，恢复劳动能力，并对劳动者的家庭提供稳定的经济保障，这样就可以有效地促进劳动力再生产。

3. 调节社会分配，促进社会公平

调节社会分配，促进社会公平是社会保险的重要作用之一。社会保险除了具有为经济发展筹集资金的重要作用外，最重要的作用是调节社会分配关系，对国民收入的再分配起着推动作用。社会保险促进社会公平作用的实现主要体现在资金筹措、支付和使用的全过程。社会保险资金来自劳动者本人及企业缴纳的保险费以及国家的财政资助。国家财政补贴的社会保险经费来自国家财政的转移支付，财政资金又来源于税收，国家向高收入者征收较高的税，以补充社会保险经费，扩大社会保险基金的来源，增加保险资金的积累。国家通过社会保险体系或渠道对社会保险资金进行再分配，向低收入者、失去收入来源的劳动者倾斜，保证其基本生活需要，从而平衡国民收入水平，实际上是相对地提高低收入者的实际收入水平。社会保险对收入进行再分配，缩小劳动者之间的收入差距，促进社会收入分配进一步合理化。

4. 积累建设资金，推动经济发展

将劳动者工作时的一部分收入通过社会保险费或纳税的方式积累成保险基金，积累起来的保险基金在满足正常的待遇给付之外，剩下的部分基金可进行各种投资，是社会经济建设重要的资金来源。在人口老龄化加速发展的背景下，预提积累式或部分基金制筹资模式均与资本市场发生非常密切的联系。社会保险资金与资本市场的良性互动和有效投资，均有利于社保基金自身目标的实现，也有利于促进经济发展。

1.3　社会保险与商业保险

当今社会是一个风险社会，在处理风险的各种手段中，保险是一种传统有效的机制，社会保险和商业保险是风险保障服务的两大资源。社会保险是一项福利保险事业，而商业保险是严格建立在大数法则和保险精算数理基础之上的商业经营活动。两者都吸收了彼此的长处，在新的经济社会环境下呈现出融合发展的态势。

1.3.1　社会保险与商业保险的共性

作为风险保障的两种手段，社会保险和商业保险具有一些共性。

1. 社会保险与商业保险都基于特定风险事故的共同分担原则

社会保险与商业保险均有共济性的特点，都是运用大数法则分散风险，即集聚众多人的经济力量，分担个别意外事件的损失，为劳动者提供安全保障，以确保生产能继续进行和人民生活安定。

2. 社会保险与商业保险都处理偶然性损失

偶然性损失是不可预知的和非预期发生的，在被保险人控制之外。商业保险处理的都是偶然性的损失，社会保险所面临的同样是偶然性的损失。例如，永久性残疾使劳动者陷入经济困境，家长的早死使家庭失去经济保障，劳动者失业给本人及家庭带来的经济损失，等等。

3. 社会保险与商业保险均要进行风险转移

风险转移是处理风险的一种技术。商业保险中，纯粹的风险都转移到保险人身上；社会保险中，被保险人的风险都全部或部分地转移到参与社会保险制度的参保人身上。二者均通过风险转移提供社会保障。

4. 社会保险与商业保险都对被保险人的损失进行赔偿

保险赔偿是指向遭受损失的受害者全部或部分地补偿现金、进行修复或赔偿实物。众所周知，商业保险要赔偿被保险人的损失，社会保险同样如此。退休津贴是部分地赔偿被保险人退休收入的损失，遗嘱津贴是向家庭成员赔偿家长早死所带来的收入损失，生育津贴是赔偿妇女生育子女所带来的收入损失，等等。二者均通过赔偿为被保险人提供经济保障。

5. 社会保险与商业保险都必须缴纳足够的保险费来支付制度运转所需费用

保险制度的正常运转需要足够的保险资金作后盾。商业保险由各保险公司经营，没有足够的保险费来源就不能及时足额地赔付，当然，被保险人不缴纳保险费也就不可能建立保险关系；社会保险由政府指定专门机构经营，虽然各个国家参与主体负担保险费的比重有很大不同，但被保险人同样要足额缴纳保险费，否则会强制征缴甚至罚款，或减少保险给付。

1.3.2 社会保险与商业保险的区别

1. 经营目的不同

商业保险是一种经营行为，保险业经营者以追求利润为目的，独立核算、自主经营、自负盈亏；社会保险是国家社会保障制度的一种，目的是为人民提供基本的生活保障，以国家财政支持为后盾。

2. 管理主体和遵循原则不同

社会保险由中央或地方政府集中领导，管理主体大多是国家，设立专业机构组织管理，属于行政领导体制；商业保险是自主经营的相对独立的经济实体，属于金融体制。社会保险是国家社会经济的一项基本政策，因此必须由国家通过立法强制实施，并且不能以盈利为目的；社会保险以社会效益为其价值取向，运作过程有明显的行政性特点。商业保险依照平等自愿的原则，是否建立保险关系，完全由投保人自主决定；而社会保险具有强制性，凡是符合法定条件的公民或劳动者，其缴纳保险费用和接受保障，都是由国家立法直接规定的。

3. 保障范围、对象和水平不同

商业保险的保障范围由投保人、被保险人与保险公司协商确定，不同的保险合同项下，或者是不同的险种，被保险人享受的保障范围和水平是不同的；社会保险的保障范围一般由国家立法规定，风险保障范围比较窄，保障的水平也比较低，这是由它的社会保障性质所决定的。社会保险以劳动者及其供养的直系亲属为对象，在劳动者丧失劳动能力后给予物质帮助；商业保险是以个人或全体人民为对象，并根据其缴保费的多少和事故发生的种类给予一定的经济补偿。社会保险是以保障劳动者的基本生活需要为标准，商业保险则以投保所缴保费为标准；社会保险看重保障，商业保险看重偿还。

4. 权利与义务对应关系不同

首先，保险费来源不同。商业保险费来源渠道单一，完全由投保人缴纳；社会保险费通常由被保险人、企业（雇主）和政府三方负担。其次，保险待遇给付不同，具体表现如下：①给付与缴费关系不同。商业保险中，缴费与所领给付呈严格的精算关系，而社会保险中两者关系并不完全成精算关系。②给付标准不同。社会保险给付强调社会适当性，而商业保险给付强调个人报酬对等性，即所得给付直接取决于缴纳保费的多少。③给付受通货膨胀的影响不同。社会保险通过待遇调整机制以保证给付的实际购买力，而商业保险的给付额在签订契约时就已确定。

1.3.3 社会保险与商业保险的相互影响与融合

在实际的运行中，社会保险与商业保险既有相互竞争、冲突的一面，又有相互促进、共同成长的一面，两者相互融合，构成社会的经济保障系统。

1. 社会保险与商业保险相互影响

（1）两者相互冲突。事实上，在保障一定需求和缴费能力的前提下，由于强制性的社会保险满足了社会成员一部分保障需求，相对来说，对商业保险的需求自然减少，也就是说商业保险的部分需求被强制替代。它们之间冲突的激烈程度取决于公民的收入水平及社会保险的普及程度。同时，社会保险的保障水平越高，对商业保险的绝对替代量也就越多，对商业保险的制约就越大；相反，社会保险的保障水平越低，带给商业保险的发展空间也就越大。但随着人们生活水平的提高，保险需求量增大，两者都能有所增长。

（2）两者相互促进。社会保险与商业保险是社会保障体系中的两个重要支柱，二者有着天然不可分割的联系，两者在实现保险服务社会化的过程中有可能借助保险资源的整合（包括保险客户资源、社会管理资源、机构人才资源等）寻求合作，社会保险的普遍实施有助于推动商业保险的发展，而商业保险也可以利用自身优势，借助社会保险部门强大的平台参与社会化风险保障服务。社会保险部门可以利用商业保险公司的有利因素在社会保险管理中引入市场机制，提高社会保险体系运行效率，在保证决策权和监督权的前提下，让商业保险公司承担部分服务工作，如购买服务、代办业务等，降低社会保险运行成本，造就双赢局面。

2. 社会保险与商业保险相互融合

（1）保障功能融合。社会保险的目的在于保障工薪劳动者的基本生活，其投保金额及给付标准都有一定的限制，所起的保障作用有限。已参加社会保险的高收入者，可以投保商业保险，在他们遭受有关风险事故时能分别从社会保险机构和商业保险企业得到保险给付，两种保险可以并行不悖，满足公民多层次需求，共同构成对公民的经济保障。

（2）保障范围融合。社会保险不能涵盖劳动者可能遇到的各种风险，商业保险不仅可以承保社会保险没有涉及的风险，也可以承保社会保险已经涵盖的风险。社会保险一般包括生、老、病、死、伤、残、失业 7 大险种，而商业保险范围五花八门，层出不穷。商业保险在投保范围上可以满足人们多层次的、特殊的保障需求，两者在范围上是互补的。

（3）保险技术和方法互相渗透。社会保险运用了商业保险的某些原理和技术。例如，采用收支相等原则，引入健康保险受益者负担部分费用及"小损害免责"或"小损害不担保"原则，这些措施旨在节约开支，为国民提供更好的经济保障。在养老保险方面，商业保险拥有经验丰富的精算师，可准确厘定缴费标准和给付水平，根据精算原则保证养老金的稳健运用和给付安全，这些都可供社会保险借鉴。

1.4　社会保险与社会保障体系

1.4.1　社会保障体系的内涵

人类现代社会保障制度的萌芽可以追溯到 17 世纪初，即 1601 年英国《济贫法》（史称旧《济贫法》）的问世。但社会保障概念的出现，却是在旧《济贫法》颁布实施 300 多年以后的事情。1933 年，美国罗斯福总统实施"新政"，1935 年国会通过的

《社会保障法》首先提出了"社会保障"的概念。自此以后，社会保障概念越来越为国际社会所普遍认同和广泛使用。社会保障是为保障民生以及促进社会进步，由国家和社会以法律为依据设立，由政府机关和社会团体组织实施，为因各种经济和社会风险事故而陷入困境的人群以及有物质和精神需求的全体公民提供福利性的物质援助和专业服务的制度和事业的总称。

社会保障体系是指国家通过立法制定的社会保险、救助、补贴等一系列制度的总称，是现代国家最重要的社会经济制度之一。从世界大多数国家的情况来看，社会保障体系通常包括基本社会保障制度与补充社会保障两大类。前者由国家立法统一规范并由政府主导，一般包括社会救助、社会保险和社会福利三个基本组成部分以及部分针对军人建立的特殊保障制度；后者则通常是在政府的支持下由民间及市场来主导，一般包括企业年金、慈善事业等，它们构成对基本社会保障制度的补充，并发挥着有益的作用。

社会救助属于社会保障体系的最低层次，是实现社会保障的最低纲领和目标；社会保险在社会保障体系中居于核心地位，是社会保障体系的重要组成部分，是实现社会保障的基本纲领；社会福利是社会保障的最高层次，是实现社会保障的最高纲领和目标。

我国社会保障的思想源远流长。随着各项改革事业的深化和市场经济体制的逐渐确立，中国社会保障制度亦将由单项散点式的改革逐渐进入城乡同步推进的总体改革阶段。我国社会保障体系的发展目标是建立项目齐全、内容完整、分工负责、协调发展的完备的体系（如图1.1所示）。

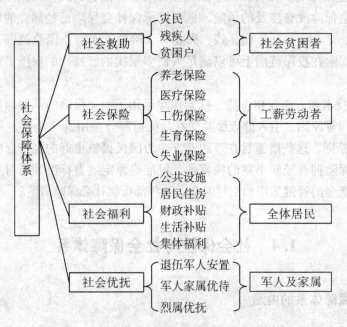

图 1.1　中国的社会保障体系

1.4.2 社会救助

1. 社会救助的定义

社会救助（Social Assistance）是指通过一定的管理体制、运行机制和保障体制的实施，为保障弱势群体的基本生活以及解决他们生活中遇到的特殊困难而建立的各项救助制度总和①。

从制度安排看，社会救助门类齐全、项目完备，即建立起适合城乡经济发展水平，以基本生活保障为重点，涵盖医疗、教育、住房、就业、司法、灾害意外等各个方面的完善的、不同层次和可持续发展的社会救助制度体系。

从覆盖人群看，社会救助制度覆盖全体国民，即各项社会救助制度分别惠及城乡普通大众，能够效地帮助不同境遇的最低收入国民、低收入国民以及遭遇突发急难事故的国民抵御各种风险。

2. 社会救助的原则

社会救助具有以下原则：

（1）选择性原则。社会救助制度的基本理念是以人为本和尊重人格，不把贫穷当成是罪恶，不歧视贫困群体，也不把贫困的主要原因归咎为个人和特定的家庭。原则上它对那些需要救助的对象提供经济救援，并且在其他方面提供可能的帮助。社会救助的是已经处于生活困境中成员，需要经过严格的资格认定程序，特别是要进行家庭经济状况调查以便核实申请者是否具备接受救助的条件。

（2）最低生活保障原则。社会救助不是为了提高社会成员的生活质量，而在于对已经陷入困境的社会成员给予帮助和支持，以满足其最低或基本生活需求。就当前中国情而言，社会救助制度的目标必须是也只能着眼于"保底"。它要对付现实存在的贫困现象，使已经陷入贫困的那一部分社会成员能够休养生息，继而迅速摆脱贫困。同时这种"保底"功能也针对着依赖思想以及不劳而获思想的滋生和蔓延。

（3）公平性原则。全社会除去个人之间的差异外，共同认可一条基准线（贫困线），这条线以下的部分是每一个公民的生活和发展中共同具有的。一个公民如果缺少了这一部分，那就无法保证谋生所必需的基本条件，因而要社会和政府来提供保障。公平性原则所包含的制度内容主要指最低生活保障、公共卫生和大病医疗救助、公共基础教育三项。公平性原则就要求政府在实施社会救助时对所有需要救助的实施人群统一的标准，不论是城镇居民还是农村居民，都应当获得同等的救助。

3. 社会保险与社会救助的关系

如若不发展社会保险，劳动者面临的疾病、工伤、老龄等各种风险就无法化解，很容易沦为社会脆弱群体，到时候进入社会救助的社会成员越来越多，社会救助迟早会不堪重负，难以实现可持续发展。在发展社会救助的过程中，应该注意与社会保险相互协调。例如，在农村，低保对象可以由政府代为缴费将其纳入新型农村合作医疗的范畴，这样既可以解决低保对象的医疗保障问题，又能够促进新型农村合作医疗的

---

① 胡务.社会救助概论［M］.北京：北京大学出版社，2010：8.

发展；在城市，要注意低保制度与失业保险制度的协调。

1.4.3 社会福利

1. 社会福利的含义①

社会福利有广义和狭义之分。

广义的社会福利是指由政府举办和出资的一切旨在改善人民物质和文化、卫生、教育等的社会措施，包括政府举办的文化、教育和医疗卫生事业、城市住房事业和各种服务业以及各项福利性财政补贴。

狭义的社会福利仅指由国家出资或给予税收优惠照顾而兴办的、以低费或免费形式向一部分需要特殊照顾的社会成员提供物质帮助或服务的制度，通常包括老人、妇女、儿童等特殊群体的福利津贴或福利设施。

欧美国家一般从广义上理解社会福利，即相当于我们常说的社会保障。而我国的社会福利通常是指整个社会保障的一个组成部分，大体介于广义和狭义之间的中间层次，即既有对脆弱群体的服务与保障，又有为全民提供的普遍福利设施和资金保障。本书所讲的社会福利的范畴即属于中间层次的社会福利。

2. 社会福利的划分

据不同的标准，可对社会福利进行不同的划分。

按照福利的具体内容，可分为教育福利、住房福利、卫生福利、个人生活福利、各种社会津贴等。

按照享受福利的对象，可分为妇婴福利、老年福利、残疾人福利、儿童福利、青少年福利和单位职工福利。

3. 社会福利的基本特征

作为整个社会保障体系的一个子系统，社会福利具有如下特点：

（1）保障对象全员化。社会福利的覆盖范围不像社会保险仅限于劳动者，也不像社会救助只限于特殊的弱势社会群体，而是全社会成员，被称为"按人头"的社会保障制度。

（2）保障项目广泛。社会福利的项目包括全社会成员享受的公共福利事业，如教育、科学、文化、体育、卫生、环境保护设施和福利服务；特殊人群享受的福利事业，如为孤寡老人、孤儿、残疾人设置的福利院、教养院、疗养院等；局部性的、选择性的福利措施，即专为一定地区、一定范围社会成员提供的福利待遇，如寒冷地区的冬季取暖津贴、租房的房租补贴等，这些项目或者是免费，或者是减费优惠。

（3）资金来源多渠道。社会福利项目的资金来源包括各级政府的财政预算拨款、各个组织单位的专项基金、社会团体的资助与捐献以及福利服务的收费等。

（4）保障水平弹性化。社会福利的项目、范围和水平取决于各个国家的经济文化发展水平和受益者的需求程度。在一个国家的不同发展阶段和不同时期，社会福利的内容和水平也有所不同，总的趋势是随着社会经济发展水平的提高而不断改善和提高。

---

① 胡务. 社会福利概论［M］. 成都：西南财经大学出版社，2008：8-9.

  总之，社会福利的目标是改善全体社会成员的物质文化生活水平，提高国民的生活质量和福利。因此，社会福利是最高层次的社会保障制度。

  社会保险、社会救助和社会福利在诸多方面有所不同，三者的比较如表 1.2 所示。

表 1.2   **社会保险、社会救助和社会福利比较**

保障项目 比较内容	社会保险	社会救助	社会福利
保障对象	薪金收入者、其他劳动者	生活在贫困线以下的公民	全体公民
资金来源	个人和雇主缴纳为主，政府补贴	政府财政拨款和社会捐赠，个人不缴费	财政拨款、企业利润分成、社区募捐、个人不缴费
保障水平	基本生活水平	最低生活水平	提高生活质量
给付标准	根据被保险人员的收入水平确定缴费额	根据资产调查情况	以平均分配为主
经办主体	政府专门机构	政府有关部门、社会团体	政府、社会组织等
保障手段	提供保险津贴为主，相关服务为辅	资金、服务并重	以提供服务和福利设施为主，货币为辅

2　社会保险制度的发展演变

2.1　社会保险制度的起源与发展

现代意义上的社会保险是资本主义发展到一定阶段的产物。社会保险现已成为世界各国普遍实行的一种社会政策和社会机制。其发展历程大致可以分为以下几个阶段：

2.1.1　社会保险制度的萌芽

18 世纪 60 年代，工业革命在欧洲兴起，资本主义机器大工业代替工场手工业，促进了资本主义生产力的迅速发展，提高了生产的社会化程度。它不仅使劳动方式、分配方式、活动方式发生了变化，而且使社会结构、家庭结构等也发生了一系列变化，并且带来了许多新的社会问题和社会矛盾。在社会化大生产的过程中，由于机械化程度提高，工人劳动强度加大，终日在危险的机器旁边、事故频繁的矿井下、有害有毒的化工厂里工作，工人伤残事故、职业病、中毒事件时有发生。此时传统的家庭结构已开始解体，家庭已无力再对劳动者遭受的各种劳动和社会风险提供保障。在此背景之下，工人开始自发组织私人保险和互助制度，以图解决生活中的困难以及意外事故给自身及家庭带来的不幸。早在 17 世纪和 18 世纪，英国就出现了由工人举办的友谊社和工会俱乐部等自助机构，采取自己出资的办法，对遭受疾病、失业、意外事故或死亡等不幸的人，实行集体互助互济。这种有组织的互助形式较之自发互助形式，救助范围有所扩大，从疾病治疗和死亡安葬扩大到养老、残疾和遗属抚恤等，参加的人数增多，规模也随之扩大。所有这些团体、组织松散，范围狭窄，不能满足整个社会对社会保险的需求，但这种工人之间的互助互济组织为现代社会保险制度的形成奠定了社会基础。

2.1.2　现代社会保险制度的产生

19 世纪后半叶，随着社会化大生产的发展，资本主义由自由竞争阶段过渡到垄断资本主义阶段，资本主义社会的基本矛盾日益暴露出来，工人阶级与资产阶级的斗争日益尖锐化。随着斗争的不断深入，工人阶级的力量不断发展壮大，开始走上政治舞台，迫使资产阶级政府在对工人运动进行镇压的同时，不得不考虑建立一种社会化的保护体系或社会安全网，来安抚工人阶级，现代意义的社会保险得以产生。

现代社会保险最早产生于德国。1883 年，德国首先颁布了《疾病社会保险法案》，这是世界上第一部社会保险法规，标志着现代社会保险制度的诞生。随后，德国政府于 1884 年和 1889 年分别颁布了《工伤事故保险法》和《养老、残疾、死亡保险法》。1911 年，德国政府又颁布了《社会保险法》，将以前的社会保险条例合并，并增加了遗属保险。至此，德国的社会保险体系初步形成。

继德国之后，西欧和北欧各资本主义国家也先后建立了不同项目的社会保险制度。例如，奥地利于 1887 年建立工伤保险，1888 年建立疾病保险，1906 年建立老年保险，1920 年建立失业保险。丹麦于 1891 年建立老年保险，1916 年建立工伤保险。挪威于 1894 年建立工伤保险，1909 年建立疾病保险。英国于 1908 年建立老年保险，1911 年建立疾病保险。瑞典于 1913 年建立老年保险，1916 年建立工伤保险。日本于 1922 年建立健康保险和工伤保险。

到 20 世纪 20 年代，大多数资本主义国家相继建立各种社会保险制度，说明社会保险确实符合当时社会和经济发展的普遍需要。但社会保险制度还只是初步确立，尚未形成完整的科学体系。

1929—1933 年发生的世界性的经济危机，造成巨大的社会震荡，大量企业破产，大批工人失业。为稳定资本主义经济，适应垄断资本主义政治与经济利益的需要，主张国家干预经济生活、实现充分就业的凯恩斯经济学理论出现了，其基本观点是强调国家对社会安全应该负更大的责任，这一理论为社会保险的进一步发展提供了政治、社会和思想基础。1933 年，美国总统罗斯福实行"新政"，把发展社会保险作为推行新政的一项内容。1935 年，美国国会通过以社会保险为主体的《社会保障法》。该法提出了对于劳动者死亡、年老、伤残、失业、职业病等，由政府提供最低生活保障金并确立了由联邦政府、州和地方政府共同参与、分级办理的社会保险体制，成为第一个制定社会保障法的国家。《社会保障法》的颁布，意味着社会保险开始进入一个新阶段。

从 1883 年到第二次世界大战前 50 多年的历史中，社会保险制度已经在不少国家尤其是发达的资本主义国家得到初步发展，社会保险体系也初步建立。

2.1.3　现代社会保险制度的发展

从第二次世界大战结束到 1973 年第一次中东石油危机爆发的 20 多年间，是社会保险制度蓬勃发展的时期。其主要标志是西欧和北欧一些国家纷纷建立了"福利国家"。

1942 年，英国牛津大学教授、经济学家贝弗里奇向议会提交了一份《社会保险及有关服务》的报告，即英国社会保障历史上著名的"贝弗里奇报告"。该报告主张对全体公民实行失业、残疾、养老、生育、寡居、死亡等项目的社会保险，认为社会保障应当体现"普遍和全面"的原则，满足所有公民不同的社会保障的需要。1945 年英国工党执政后，先后通过了《国民保障法》《国民健康法》等一系列法案。随着这些法案的实施，英国宣布建成了"从摇篮到坟墓"均有保障的"福利国家"。

紧跟英国的步伐，不少欧洲国家也纷纷效仿，其中最典型的是瑞典。第二次世界大战后，瑞典也推行公共年金制度和全民医疗制度，并建立起包括年金保险、医疗保险、失业保险、工伤保险以及社会救济、家庭补助、免费教育、住房补贴等福利项目的福利体系。其福利设施的完善程度在西方国家名列前茅，被称为西方社会的"福利橱窗"。

20 世纪下半叶,东欧社会主义国家、中国以及亚洲其他一些社会主义国家,仿照苏联模式,纷纷建立了"国家统筹型"的社会保险模式。与此同时,一些从殖民地独立出来的发展中国家,也先后建立起社会保险制度。值得一提的是,新加坡于 1955 年开始实施与传统的社会保险国家迥然不同的强制储蓄型的中央公积金制度,即国家立法强制雇主和雇员分别按雇员工资收入的一定比例缴纳保险费(公积金),全部进入个人账户,由中央公积金局统一管理。这笔基金逐年积累,当雇员退休时,从个人账户积累额中领取退休金。这是一种典型的自我保障制度。从以上情况看,社会保险制度已成为全世界的共同举措。

2.1.4 社会保险制度产生的理论基础

社会保险是商品经济发展的直接产物,其产生有着深厚的理论基础。一般认为,福利经济学、福利国家理论、凯恩斯理论、贝弗里奇报告和西欧社会民主党的福利主义思想等为社会保险制度的产生奠定了理论基础。

1. 福利经济学

福利经济学产生于 20 世纪 20 年代,以 A. C. 庇古(1877—1959)在 1920 年出版的《福利经济学》为标志。他从资源配置最优的角度提出了最优收入分配的理论。他指出,低收入阶层的货币边际效用与高收入阶层的货币边际效用是不同的,通过累进所得税的税收进行收入再分配的调节,使货币的边际效用趋于平等有助于收入均等化的实现。同时,他还研究了国民收入的增加、国民收入的分配、国民收入的变动等这些关系到全社会福利变动的问题如何实现收入的转移,以提高经济效益和消除贫富不均。国家可以通过向高收入阶层征收累进所得税和遗产税,给低收入阶层进行各种补助和救济,实现国民收入的再分配,使低收入阶层和高收入阶层的货币边际效用趋于平等。这样,一方面可以实现全社会的收入均等化,另一方面将有助于提高整个社会的福利。福利经济学的这些观点对西方发达资本主义国家的社会保险制度产生了极为重要的影响。

2. 福利国家理论

福利国家理论是由德国新历史学派的施穆勒、布伦坦诺等人提出的。新历史学派认为国家除了维护社会秩序和国家安全之外还有一个"文化与福利的目的"。因此,新历史学派主张应由国家兴办一些公共事业来增进国民的福利,如实行社会保险发展公共教育、遗产税等。20 世纪初,英国费边主义者韦伯夫妇最早提出了"福利国家"的概念,并设计了"福利国家"的蓝图,主张通过国家对贫民和失业者,包括病人、残疾人及老年人实行救济。他们企图通过这种缓和的、渐进的改良方法实现所谓的"社会主义"。福利国家理论为社会保险制度的建立提供了一定的理论支撑。

3. 凯恩斯的政府干预理论

20 世纪 30 年代爆发了席卷资本主义世界的经济危机,西方主要资本主义国家工业凋敝,失业剧增,大批贫民流落街头,社会矛盾异常尖锐。面对这次空前严重的经济危机,1936 年,英国经济学家约翰·梅纳德·凯恩斯(John Maynard Keynes,1883—

1946）发表了他的《就业、利息和货币通论》（*The General Theory of Employment*，*Interest*，*and Money*），该书提出需要国家调节和干预资本主义经济，国家不进行积极的经济活动，私有制的资本主义不可避免地要灭亡。依靠国家干预经济来提高社会的消费倾向和加强投资引诱，以扩大社会有效需求，否则就无法摆脱经济危机和失业的困境。凯恩斯提出了一系列经济政策主张，其中最主要的是财政政策、货币金融政策和对外经济政策。而在这三种政策中，凯恩斯更注重财政政策的作用，认为后两者只起辅助作用。他认为通过扩大政府开支、增加国家投资和国家消费，甚至通过赤字财政政策，大幅度提高社会福利，包括提高工资标准和扩大社会福利，即采取普遍福利政策，就可以抑制经济危机和达到充分就业。凯恩斯的政府干预理论及其政策主张，是资本主义国家克服市场缺陷，以及应对经济危机，制定经济政策和社会保险制度产生的主要理论依据。

4. 贝弗里奇报告

1942 年 11 月，英国的 W. H. 贝弗里奇勋爵为了重建战后和平，使英国获得长久的安全，经过周密的调查研究，向英国政府提交了一份名为《社会保险及有关服务》的长篇报告，即著名的"贝弗里奇报告"。该报告建议社会保障计划包括三种社会保障政策：社会保险——满足居民的基本生活需求；社会救济——满足居民在特殊情况下的需要；自愿保险——满足那些收入较多的居民的需要。报告还提出了六条改革的原则：①基本生活资料补贴标准一致的原则；②保险费标准一致的原则；③补助金必须充分的原则；④全面和普遍性原则；⑤管理责任统一的原则；⑥区别对待的原则。报告还指出，它是一个以劳动和交纳保险费为条件，保证维持人们所必需的收入，以尽快使他们可以劳动和继续保持劳动能力的计划。第二次世界大战后，1945 年 8 月，英国工党执政，贝弗里奇的报告得以实施，《国民医疗保健法案》《国民工伤保险法案》《住房法案》等社会保险措施相继出台。1948 年，英国首相艾德礼向全世界宣布：英国建成了"福利国家"。

2.2 社会保险制度的改革与发展趋势

2.2.1 西方发达国家社会保险制度改革

20 世纪 80 年代以来，许多国家在改革、修订甚至重建自己的社会保险制度，但这绝不意味着社会保险制度走向终极，而是现代社会保险制度将适应时代的发展而更加理性地得到发展。

1. 福利国家改革的背景

进入 20 世纪 70 年代，整个西方世界经历了国际货币体系的瓦解，能源、原料的危机后，通货膨胀加剧，经济增长停滞等一系列经济问题。社会福利开支由于通货膨胀加剧，失业人口增加，人口老龄化进程加快，人民生活需求提高和社会保险刚性仍在迅速扩大，社会保险和福利的项目不断扩充，享受待遇的标准不断提高，享受时间延长。这种超过经济发展承受能力的过度福利政策的实施，不同程度地给各福利国家带来了一系列的问题。

一是经济发展遇到困境。社会保险制度的发展需要与之相适应的经济与社会环境。20世纪70年代以后，西方社会经济发展缓慢，进入滞涨时期，这使得社会保险制度发展所依赖的稳定的经济环境开始动摇。例如，1970—1980年，英国工业品增长率为1.9%，美国国内生产总值年均增长率在1970—1974年降为2.4%，1975年甚至出现负增长的情况。西方社会经济增长缓慢不仅带来严重的失业问题和贫困问题，政府财政收入减少和社会支出增速加快，使社会保险制度失去了稳定发展的经济环境。

二是失业问题突出。充分就业是社会保险制度稳定运行的又一重要社会环境。20世纪70年代中期以后，西方国家失业问题越来越严重。例如，1975—1980年，德国失业率一直在4%左右徘徊，1981年达到5.5%，1982年达到7%，1985年甚至达到9.2%；1970—1979年美国的失业率为6.2%。严重的失业问题减少了社会保险缴费人数，导致失业保险支出快速增加，也使西方社会保险制度稳定发展的环境趋于恶化。

三是人口老龄化加剧。社会保险制度的发展还与人口发展状况密切相关，尤其是人口年龄结构对社会保险制度具有直接影响。20世纪中期以后，西方人口平均寿命明显延长。例如，1965—1985年，法国男性平均寿命从68岁提高到71岁，女性从75岁提高到79岁；英国男性平均寿命从68岁提高到72岁，女性从72岁提高到78岁。人口老龄化趋势明显加快，人口老龄化为社会保险制度的发展带来一系列问题。另外，老年人口赡养率不断提高。1980—2000年，美国老年人口赡养率从16.9%提高到19.0%，日本从13.4%提高到25%，德国从23.7%提高到24.0%。

四是社会保险制度内在问题凸显。随着社会保险制度的不断发展，其所具有的刚性特点越来越明显地表现出来。社会保险项目不断增加，社会保险范围越来越广。社会保险覆盖面扩大是社会保险制度发展的必然要求，但社会保险覆盖面过分扩大也会带来一些消极后果。另外，保险标准和水平也在不断提高。例如，1965—1980年，英国社会保障水平从14.4%提高到24.5%，德国从19%提高到31.3%，瑞典从17.5%提高到33.5%。随着保险覆盖面的不断扩大和保险标准水平的不断提高，社会保险支出不断增长，而在西方国家社会保险基金来源构成中，国家财政补贴和雇主缴费占较大比例，个人社会保障缴费所占比例较小。这导致了政府财政支出面临巨大压力，导致各种社会保障津贴领取者个人责任意识减弱，使传统现收现付型社会保险基金筹资模式面临严重挑战。

五是当代西方社会保险制度理念的改变。20世纪70年代以后，西方社会保险制度理念开始发生变化，强调国家、社会与个人的共同责任，主张自助、自主与国家保障相结合的社会保险理念逐渐成为西方社会保险制度的基本理念。

2. 改革措施

针对公共福利支出膨胀及其引发的财政危机和社会保障部门逐渐庞大而逐渐演化成官僚机器的现象，福利国家在维护福利国家模式的基本前提下，自20世纪80年代开始，就将改革或修订原有的社会保险制度作为一种必要的发展手段。英国从前首相撒切尔夫人到布莱尔政府，均致力于福利领域的改革；瑞典社会民主党自1982年重新执政后以"保卫福利，重建经济"为口号，对社会保险制度实施调整；其他福利国家也对社会福利制度做出了一定程度的调整。

概括起来，福利国家对社会保险制度的改革措施主要有如下几点：

（1）削减福利支出。例如，英国在撒切尔夫人执政时即采取了减少住房补贴和用优惠价格向住户出售公有住房的方法，同时允许公费病人到私人医院看病；瑞典规定了最高养老金的限额，同时减少了失业救济金和多子女补助费，提高退休年龄来减少养老金支出；等等。

（2）调整福利结构。例如，英国自1998年开始实施"改救济为就业"的计划，以帮助较长时间没有工作的年轻人和城市贫民区单身母亲找到工作，同时准备取消收入较高家庭的儿童补贴和母亲补贴。

（3）扩充社会保险资金来源。例如，努力促进经济发展，降低失业率，由此而使缴费人数增加和征收的社会保险税增加；制定更加严密的税收征管办法，防止偷税漏税行为的发生；提高退休年龄以保证社会保险基金财务的可持续性。

（4）引入私营竞争机制，扩大福利提供领域的市场经济成分。政府采取积极措施鼓励私人机构参与社会保险管理与运营，作为福利国家社会保险的一个补充。在养老保险方面，政府提供各种优惠政策，鼓励社会及私人承担一部分老年人的瞻养义务，从而减轻政府的财政负担。在医疗保险方面，各国积极发展私营医疗。

2.2.2 新兴国家社会保险制度改革

1. 新加坡的中央公积金制度

1955年，新加坡开始建立中央公积金制度，所有公共部门和私人部门的雇员强制性参加中央公积金制度，雇主和雇员共同缴纳公积金，国家不承担缴费责任。公积金个人账户分为"普通账户""医疗储蓄账户"和"特别账户"三类，会员年满55岁后，个人账户由三个账户转为退休账户和医疗储蓄账户。随着新加坡公积金制度的不断改革，公积金的使用范围逐步扩大。20世纪60年代末，公积金存款开始用于购买住房；20世纪80年代初，公积金存款可以用于自己、配偶、子女、父母、祖父母的医疗和住院费支付；20世纪80年代末，允许使用公积金贷款以支付子女的教育费用；20世纪90年代初，允许自我雇佣者加入公积金制度，并推进公积金投资环境的改善。这样，新加坡的公积金制度从最初的仅仅适用于养老保险，逐步扩大到住房、医疗保健、教育和其他领域。从受雇佣者逐步推广到其他劳动者，逐渐成为新加坡社会保障制度的核心部分。

2. 智利的私营化养老金模式

1980年，智利政府颁布《养老金制度改革法》，此法规定个人必须为自己的养老强制性储蓄，并在基金管理公司中建立个人账户，个人账户完全由个人缴纳。养老金包括正常退休养老金、提前退休养老金扣残疾遗属养老金三部分。正常退休年龄男性为65岁，女性为60岁。养老金支付分为三种形式：第一种支付方式是年金，由养老基金公司根据将要退休者养老存款额为其在保险公司购买相应等级的保险，并由保险公司逐月支付一定数量的养老金；第二种支付方式为按计划支付，养老基金公司将退休者的养老存款存在本公司，退休后从养老基金公司每年领取一份年金；第三种是按计划支付与年金相结合，退休者根据自己的情况决定在一定时间内领取按计划支付的年金，期满后转入年金支付方式。养老基金完全由私营养老基金管理公司管理，养老基金管理公司经营效益完全依靠市场竞争实现，个人不仅可以自由选择养老基金管理公司，而且可以自由地调换养老基金管理公司。

新加坡和智利的社会保险制度改革的本质特点是建立强制储蓄的养老保险制度，其措施和模式选择对当代西方社会保险制度的改革产生了直接影响。

2.3　中国社会保险制度的发展演变

2.3.1　中国古代社会保障制度

1. 古代政府的行为

中国传统的政治观念认为政府应承担起社会保障的主要责任。在这一思想的指导下，历朝历代均有不俗的表现。

（1）赈济灾民。西周中央政府为挽救自然灾害所造成的破坏，设置地官司徒一职，并且采取了"一日散利，二日薄征，三日缓刑，四日弛力，五日舍禁，六日去几，七日眚礼，八日杀哀，九日蕃乐，十日多昏，十有一日索鬼神，十有二日除盗贼"的荒政措施。由于中国一直以来都是发生自然灾害较频繁的国家，为减少社会损失，维护社会秩序，政府必然要提供相应的救助服务。

（2）养老慈幼。宋代的社会保障涉及的范围之全至今都令人叹为观止，而较突出的是建立的一整套的收容机关。例如，福田院主要收容贫民、乞丐和残疾无依靠者；对一些因贫困无力埋葬的死者，政府又设立漏泽园进行安葬；婴儿局、慈幼局等机构主要是"为贫而弃子者设"。宋朝创建的这些官方慈善机构给予绝望者以希望，因此缓和了社会矛盾，并逐步演变成为现在的老年福利院、儿童福利院等福利机构。

（3）优待退休的官员。规范的致仕制度在汉朝就已成型，当时规定五品以上官员满70岁退休时，朝廷要给予丰厚赏赐，并可享受原俸的1/3作为养老金，直到去世。这一制度既保证了在职官员对朝廷的忠心，也鼓励了年迈体弱的官员适时退位让贤。

2. 民间团体

孟子在《孟子·滕文公上》中所提出的"出入相友，守望相助，疾病相扶持，则百姓亲睦"就反映了儒家的社会互助思想。

（1）乡约制度。由吕大钧等人制定的《吕氏乡约》将社会民众同乡或宗族成员相互的要求用契约形式确定下来，其主要内容是：德业相劝，过失相规，礼俗相交，患难相恤。其中的患难相恤即要求同乡者在他人遭遇灾难时要予以援助，共同分担风险，这体现了中国古代人民朴素的社会保障精神。

（2）社仓制度。南宋时，朱熹创建了社仓制度。其主要特点是：设于农村，救助农村贫穷无助者；官督民办，免除吏缘为奸之弊；平年以股米贷放收息，增加仓米积蓄，也增强了抗灾能力；用息米赈济无偿还能力的孤老残幼。因此，社仓制度同时具有扶贫和赈灾两项功能。

2.3.2 新中国社会保险制度的建立

新中国成立之后，中国政府非常重视社会保险制度的建设。1949 年 10 月 1 日，中华人民共和国成立，当时充当临时宪法的《中国人民政治协商会议共同纲领》为建立新中国的社会保障制度提供了最基本的法律依据，该纲领明确规定"革命烈士家属和革命军人家属，其生活困难者应受国家和社会的优待。参加革命战争的残疾军人和退伍军人，应由人民政府给以适当安置，使其能谋生自立"，并要"逐步实行劳动保险制度"等。

1951 年 2 月 26 日，政务院颁布《中华人民共和国劳动保险条例》，并经 1953 年、1956 年两次修订，全面确立了适用于中国城镇职工的劳动保险制度，它的实施范围包括城镇机关、事业单位之外的所有企业和职工，从而成为新中国社会保险制度中最重要的制度。1952 年 6 月，政务院颁布《关于全国各级人民政府、党派、团体及所属事业单位的国家工作人员实行公费医疗预防的指示》，实施数十年之久的公费医疗制度自此建立。1955 年 12 月，国务院发布《国家机关工作人员退休处理暂行办法》《国家机关工作人员退职处理暂行办法》《关于处理国家机关工作人员退职、退休时计算工作年限的暂行规定》《国家机关工作人员病假期间生活待遇试行办法》等法规，国家机关、事业单位职工退休、退职制度由此确立。至 1957 年年底，我国社会保险制度的奠基阶段基本完成。

2.3.3 当代中国社会保险制度的发展

20 世纪 80 年代以后，中国进入改革开放时代。1987 年，国务院下发了改革开放以来第一部关于养老保险的法规《国营企业实行劳动合同制暂行规定》，明确规定了对劳动合同制工人的退休养老保险实行社会统筹，退休养老金的来源由企业和工人共同承担，实行社会统筹与个人账户相结合，社会保险管理和社会保险基金经营分开；1997 年颁布的《关于建立统一的企业职工基本养老保险制度的决定》提出了"统账结合"的养老金模式。

自 1998 年以来，我国加快了社会保险制度的改革步伐，各种社会保险政策相继出台。1998 年颁布《关于建立城镇职工基本医疗保险制度的决定》，开始建立统一的基本医疗保险制度。1999 年颁布《失业保险条例》，推进了失业保险制度的完善和发展；同年开始实施《城市居民最低生活保障条例》，进一步规范和完善了最低生活保障制度。2003 年颁布《工伤保险条例》，工伤保险制度开始规范化发展；同年发布《关于建立新型农村合作医疗制度意见的通知》，推动了农村公共医疗卫生事业的发展。2009年发布《关于开展新型农村社会养老保险试点的指导意见》，推动农村社会保险进入一个新时期。2014 年 2 月，国务院发布《关于建立统一的城乡居民基本养老保险制度的意见》，在总结新型农村社会养老保险（简称新农保）和城镇居民社会养老保险（简称城居保）试点经验的基础上，将新农保和城居保两项制度合并实施，在全国范围内建立统一的城乡居民基本养老保险（简称城乡居民养老保险）制度。2015 年 1 月，国务院印发《关于机关事业单位工作人员养老保险制度改革的决定》，决定对机关事业单位工作人员养老保险制度进行改革，施行与城镇职工基本养老保险一致的养老保险制度。

至今，我国已建立起了统筹城乡的社会保险制度，朝着建立更加公平、可持续发展的社会保险制度目标迈进。

3 社会保险管理

3.1 社会保险管理的内涵及主要内容

3.1.1 社会保险管理的内涵

社会保险管理是指为实施社会保险制度，国家和政府成立专门的社会保险机构，组织专业人员，运用现代管理学原理对社会保险活动进行决策、计划、监督、调节以及对社会保险基金进行筹集、运营、管理和相关待遇给付等一系列活动。社会保险管理的基本任务是保证现行社会保险法律、法规、政策得以贯彻落实。

社会保险管理的主要内容包括：第一，社会保险的行政管理，即行政部门依法对社会保险进行的职能范围内的管理与监督，如社会保险法律、法规的制定和社会保险组织机构的建立；第二，社会保险财务管理，即对社会保险的基金进行管理（专款专用、保值增值），包括社会保险基金的筹集（缴费标准是否达到）、运用以及社会保险待遇的给付（各种保险待遇是否给付）等；第三，社会保险的对象管理。例如，对社会保险对象个人信息的收集和掌握；第四，社会保险的监督管理，即由国家行政管理部门、专职监督部门、利害相关者以及有关方面对社会保险尤其是社会保险基金的有关管理机构和管理者的管理行为进行的监督过程。

3.1.2 社会保险管理的原则

1. 法制化原则

社会保险是国家通过立法以行政手段推行的，具有强制性和法制性，在具体实施中还存在社会监督。法制化原则表现为：第一，社会保险管理机构、职位依法设立；第二，社会保险管理系统依法运行，在职权范围内处理相关事务；第三，社会保险管理要先立法，然后建立体制，后者是贯彻法律、执行法律的工具。

2. 公正、公开及效率原则

第一，社会保险管理体制的公正性。社会保险管理机构必须负责社会保险制度的运行，维护社会保险制度的公正，保护全体社会成员的社会权益，做到法律面前人人平等，办事以事实为依据、以法律为准绳，不偏不倚。

第二，社会保险管理体制的公开性。社会保险管理机构向社会成员公开社会保险机构及其职责，增强管理的透明度，确保所有社会成员的知情权。这有利于明晰知情权，顺利解决纠纷。

第三，社会保险管理体制的效率性。效率是社会保险管理的最主要目标之一，如管理机构职责分明、政令统一、管理成本最低化、管理资源配置最优化等。

3. 属地化管理原则

属地化管理原则是指一个地区的社会保险事务主要由当地的管理机构统一管理，其目的在于维护社会保险制度的公平性、互济性和社会性。

3.1.3 社会保险管理的模式

一个国家的社会保险管理模式，往往因历史背景、社会制度和经济发展水平等因素的不同而存在一定的差异。经过总结归纳，国际上比较典型的社会保险管理模式可大致划分为集中管理、分散管理和集散结合管理三种模式。

1. 集中管理模式

集中管理模式是指将养老、医疗、工伤保险及其他社会保险项目统一在一个管理体系内，建立统一的社会保险管理机构，对社会保险各项目基金的筹集、待遇给付、运行监督等进行集中管理。这种模式以英国、新加坡等国家为代表。

集中管理模式的特点为：第一，社会保险决策权统一在中央；第二，社会保险预算权统一；第三，各级政府间的联系是一种双重标准。

集中管理模式的优点为：有助于社会保险的集中管理与规划以及统一实施和监督，可以更有效地发挥社会保险的功能；有助于社会保险各项目的运行、各环节之间的协调和社会保险基金的集中管理和调剂使用，真正发挥社会保险的互助功能；有助于降低社会保险的管理成本；有助于增加管理的透明度，保证社会保险基金的专款专用。

集中管理模式的缺点为：部门管理和利益难以协调，影响管理效果；行政干预较多。

2. 分散管理模式

分散管理模式是指采取不同的社会保险项目，由不同的政府主管部门管理，各自建立起一套保险执行机构、资金运营机构及监督机构，各保险机构之间是相互独立的，资金不能相互融通使用。最典型、运作最成功的分散管理模式是德国的社会保险管理体制。

分散管理模式具有以下特点：第一，多部门管理，管理呈现分散特点。第二，管理成本高。以德国为例，1994年德国养老保险的管理费用占所缴养老保险金的3%，1994年高达101亿德国马克，而同时期日本、美国的养老保险管理费用只占1%。第三，因机构庞杂和相互独立而导致工作重复。例如，德国的医疗保险机构仍要对退休人员征收医疗保险费，其中一半由退休人员承担，另一半由养老保险机构自动转汇到医疗保险的账户上。资金运转上的反复以及立法文件的浩繁都为被保险人和保险机构管理增添了许多难题。

分散管理模式的优点为：各管理机构自主性强（能制定适合自己管理的社会保险项目特点的管理办法）、适应性强；管理独立性强，可以根据客观需要调整社会保险项目，灵活地适应社会生活需要。

分散管理模式的缺点为：管理机构多，管理成本高；机构工作重复，社会保险资源浪费。

3. 集散结合管理模式

集散结合管理模式是根据各项社会保险管理要求上的差异，把共性较强的部分项目集中起来，实行统一管理；把特殊性较突出的若干项目单列，由相关部门进行分散管理。其形式是把养老保险、医疗保险、遗属补助等集中起来，或者建立专门的社会保险部门进行统一管理，或者在某个部门下设立保险管理机构进行管理，而把失业保险、工伤保险交与劳动部门管理。

集散结合管理模式的优势主要体现在两个方面：一是既体现了社会保险社会化、规范化、一体化的发展要求，又兼顾了个别保障项目的特殊性要求；二是节约了管理成本，提高了管理效率。通过失业保险的单列，把失业保险与就业促进结合起来，有力地促进了社会就业工作，收到了很好的效果。

美国、日本都采用了这一模式。日本的厚生省负责管理养老年金和医疗保险，并在厚生省设立了年金局和社会保险局，而劳动省则负责失业保险。美国的失业保险也由劳动部门管理，而老年和遗属保险、残疾保险、住院保险则由联邦政府卫生与人类服务部下的社会保险署实行统一管理，并在全国各地设置了 1 400 多个社会保障办事机构。从 1995 年 3 月开始，社会保障署已经从卫生与人类服务部分立出来，成为独立于政府的机构。

3.2　中国社会保险行政管理体制

3.2.1　中国社会保险行政管理体制的变迁

从历史的角度来了解、认识我国社会保险行政管理体制的演变历程，有助于清晰地认识我国社会保险行政管理体制的发展脉络，并在借鉴经验、吸取教训的基础上，制定出更加适合我国当前国情的社会保险行政管理体制方案。

1. 以内务部、劳动部、卫生部为主的"三部主管"格局（1949 年 10 月—1954 年 8 月）

1951 年 2 月 26 日，政务院颁布的《中华人民共和国劳动保险条例》中明确规定：各大行政区工会组织对所属各省、市工会组织及其区域内产业工会组织的劳动保险工作，负指导督促之责。中华全国总工会为全国劳动保险事业的最高领导机关，统筹全国劳动保险事业的进行，督导所属各地方工会组织、各产业工会组织有关劳动保险事业的执行。各级人民政府劳动行政机关监督劳动保险金的缴纳，检查劳动保险业务的执行，并处理有关劳动保险事件的申诉。中央人民政府劳动部为全国劳动保险业务的最高监督机关，贯彻劳动保险条例的实施，检查全国劳动保险业务的执行。这种"管办分离"的行政执行原则也是这一时期社会保险不同于社会救济与社会福利"管办合一"行政管理体制的重要特点之一。

2. 以总工会、内务部、卫生部为主的"三部主管"格局（1954 年 9 月—1968 年 12 月）

1954 年 6 月 15 日，劳动部、全国总工会下发《关于劳动保险业务移交工会统一管理的联合通知》，对移交劳动保险业务、文件、撤销劳动部门的劳动保险机构等提出了具体规定。此后，各级工会统管全部劳动保险工作。至此，在上一时期实行的执行权与监督权相分离的管理模式演变为执行权与监督权相统一的管理模式，形成了工会参与拟法、政府立法、工会具体经办的社会保险业务管理格局。

3. 停滞和重建阶段的社会保险经办管理格局（1969 年—1988 年 3 月）

1969 年 1 月—1970 年 6 月，内务部、劳动部相继被撤销，直到"文化大革命"后期，社会保险行政管理机构工作才逐步恢复正常。1978 年 5 月，民政部成立，其中政府机关人事局主管国家机关工作人员的社会保险业务。1978 年 10 月，全国总工会恢复工作，建立生活办公室（后改为生活保险部，1979 年改为劳动保险部）。1987 年 3 月，中央财经领导小组决定在各级劳动人事部门设立退休费用统筹管理委员会，对退休费用统筹工作进行统一管理。

4. "四部门"分管下的"多龙治水"管理格局（1988 年 4 月—1993 年 10 月）

20 世纪 80 年代中期以来，社会保险行政管理体制改革不断向分散化方向发展。1988 年 4 月，国家撤销劳动人事部，分别组建人事部和劳动部，社会保险业务的管理也随之变更为劳动部主管企业职工社会保险、人事部主管国家机关事业单位社会保险的格局。1990 年 7 月由民政部负责主管农村社会保险业务，中国社会保险经办机构再次呈现"三分天下"的格局。再加上卫生部管理国家机关事业单位的公费医疗保险、中国人民保险公司承办部分城镇集体企业单位职工的养老保险、劳动服务公司负责部分单位职工的失业保险，这一时期的社会保险经办机构实际上由 4 个国家部委、11 个行业分割管理，呈现出鲜明的"多龙治水"的管理格局。

5. 统一社会保险行政管理体制下的社会保险经办机构新格局（1993 年 11 月至今）

1993 年 11 月 14 日，中共十四届三中全会通过的《关于建立社会主义市场经济体制若干问题的决定》提出"建立统一的社会保险管理机构"的改革设想，并明确了社会保险行政管理和社会保险基金经营分离的管办原则。1998 年 3 月，在原劳动部的基础上组建了劳动和社会保障部，综合管理全国劳动与社会保障工作，其组建已经意味着社会保险经办机构改革朝着"大整合"的方向迈进了一步，也标志着中国社会保险行政管理机构发展历史上统一管理基本框架的首次确立。随着经济体制改革的不断深入，行政体制改革的"大部制"方向日益明确。2008 年 3 月，国务院机构改革方案确定，撤销原人事部、劳动和社会保障部，重新组建人力资源和社会保障部，接管原劳动和社会保障部主管的所有相关社会保险业务。因此，仅就社会保险行政管理体制而言，改革前后的经办机构管理职责并没有发生实质性变化。同时，由于新型农村合作医疗保险的相关业务仍归卫生部管辖，可以说，此次社会保险经办机构调整并没有从根本上触动劳动保障与卫生两人部门主管社会保险业务的格局。

3.2.2 中国社会保险行政管理体制存在的问题及改革

1. 存在的问题

事实上，当前这种名义上由统一部门负责，实质上多部门介入、管办不分家的行政管理体制有悖于现代行政体制改革的方向，直接导致了当前中国社会保险经办机构在运行过程中存在许多问题。

（1）机构设置分散、权责关系不明。

从目前情况来看，由于行政体制更迭的时滞性、部门间的利益矛盾、历史遗留问题等客观因素，地方各级社会保险业务经办机构设置并未真正做到与中央部委管理机构相一致，社会保险业务管理被分散到劳动保障部门、卫生部门等多个部门，个别地方的部分社会保险业务甚至仍归民政部门管辖，组织机构设置分散。这些直接导致社会保险业务交叉管理，加重地方实际经办部门的工作难度，常出现政出多门、效率低下、部门分工职责不明等问题。

（2）管办不分、监管乏力。

如前所述，自20世纪50年代中期结束"管办分离"的行政管理体制后，我国的社会保险行政管理体制再也没有脱离"管办不分家"的模式。这种缺乏实质性监督机制的行政体制直接导致了近年来社会保险基金被挤占和挪用、违规投资等基金非法使用现象屡禁不止、各部门互相推诿等问题。

（3）经办机构能力不足。

数据显示，我国2007年5项社会保险参保总人次达到7.37亿，而2007年社会保险经办机构在编人员仅约13万人，平均每人经办社会保险业务达56 692 307.69人次。如此悬殊的人均经办人次比很难保证服务的质量与效率。有学者将此现象戏称为中国社会保险经办机构特有的"小马拉大车"现象。

（4）信息重复建设现象严重。

目前，我国实行的是按险种设置的单险种经办机构行政体制，业务管理较为单一。这一模式虽然能够集中力量提供较为专业化的服务，但由于社会保险的5大险种都办理登记、核定缴费基数以及征集、录入、维护基础信息等共同业务，单险种经办机构行政体制难免会出现信息采集重复操作、办理手续重复的现象。这不仅降低了经办机构的行政效率，加大了业务管理、技术支持的难度，而且浪费了人力、物力、财力，还给参保者带来诸多不必要的麻烦。

除此以外，社会保险机构经办人员业务素质有待提高、人员队伍建设落后、经办经费有限等问题也制约着社会保险机构的正常运转，更直接影响社会保险各项目的顺利开展和实施。

2. 改革建议

（1）改革的基本原则：

第一，国家承担责任与社会承担责任相结合，以社会承担责任为主。国家承担责任是指国家出面建立政府管理机构，统一政令、法规，保证公民享受社会保险的权利和承担的义务，实现社会保险的根本任务和长远目标。

第二，社会化管理与单位管理相结合，以社会化管理为主。从具体实施角度看，社会保险就是在社会范围内统筹，调剂社会保险基金，对社会保险对象给予一定的物质帮助，提供一系列必要的服务。因此，社会保险的具体业务应由社会化的社会保险业务管理机构和社会服务机构负责实施，即实行社会化管理。

第三，内部控制与外部控制相结合，以内部控制为主。建立完整的外部控制，主要是确立政府和其他社会团体对社会保险管理工作的监督职能。因此，需要建立起一套科学的监督程序，同时建立一套外部控制机制。

（2）监管分离：中国社会保险行政管理体制改革的关键。

社会保险是社会保障体系中的核心内容。社会保险制度的特殊性要求其行政管理体制要绝对实现"管办分离"，采取监督与经办相分离的模式；否则，其他的一切改革及提高效率的做法只能是空中楼阁。

（3）从分立到统一：中国社会保险行政管理体制改革的未来方向。

社会保险所具有的强制性、互济性、社会性及特殊的保障功能决定了社会保险行政管理体制的最优模式为集中式管理，即管理机构设置采取在全国设立自下而上、自成系统的统一的社会保险行政管理机构，从而实现对社会保险基金的统一征缴、集中管理、统筹调剂。

事实上，集散结合的管理模式是当前国际上较为流行的社会保险管理模式。这种根据保险项目的特性，将社会保险共性较强的项目集中起来实行统一管理，将特殊性较强的项目单列，由统一的社会部门分散管理的模式，具有极大的灵活性和可操作性。

综上所述，无论是从现实因素出发，还是结合历史传统考虑，企图一蹴而就地实现社会保险经办机构的大统一并不是当前我国社会保险经办机构改革的最优路径选择。统一是社会保险经办机构改革的必然趋势，不能盲目地追求统一的进程，也不能以消极的态度回避事实。结合当前我国实际，借鉴国际经验，循序渐进地推进由分立到统一才是适合我国社会保险行政管理机构改革的独有道路。

4 社会保险基金

4.1 社会保险基金概述

4.1.1 社会保险基金的含义及特点

1. 社会保险基金的概念

社会保险基金是指为保障社会劳动者在丧失劳动能力或失去劳动机会时的基本生活需要，在法律的强制规定下，通过向劳动者及其所在单位征缴社会保险费，或由国家财政直接拨款而集中起来的资金。社会保险基金问题是社会保险的核心问题[①]。

社会保险基金一般由养老保险基金、医疗保险基金、失业保险基金、工伤保险基金和其他社会保险项目的基金构成，通过雇员与雇主共同缴纳社会保险费的方式构成法定社会保险基金的基本形式。社会保险基金大多通过雇主与雇员缴费，国家在税收、利率和财政上资助的三方负担原则来筹集社会保险基金，并主要通过货币支付方式提供各类险种的社会保险金。

2. 社会保险基金的特点

（1）法律强制性。

强制性是社会保险的显著特征之一，也是社会保险的基本特征。社会保险基金的筹集、管理和使用都具有法律强制的特性。例如，雇主和雇员必须依法按时、按法定费率缴纳社会保险费。基金管理机构对社会保险基金的投资营运、投资组合与投资数额的确定均须依法进行，以确保基金具有稳定的资金来源和安全有效的基金管理方式。而商业性保险基金、金融性信托基金则是在自愿的基础上依据商业契约而建立，基金管理及规则要相对宽松一些。

（2）社会政策目的性。

社会保险基金的建立与管理都带有明显的社会政策目的性，即国民在遭受社会风险的背景下，为其提供基本的收入保障，以保证社会稳定和经济、社会的协调发展。社会保险基金的管理和运营虽然具有经济目标和促进经济发展的功效，但最终应服从于社会保险应遵循的社会政策目标。

社会保险基金的筹集、精算测定原则、社会保险基金收支平衡都体现出政府不同程度的干预，这种干预还体现在政府以隐性债务的方式承担劳动者代际间收入再分配

---

① 林义. 社会保险基金管理 [M]. 2版. 北京：中国劳动社会保障出版社，2007：8.

的责任。

（3）特定对象性。

社会保险的保障对象是工薪劳动者，而不是所有社会成员。社会成员中还包括没有任何收入、依靠其他人扶养的人，如儿童、学生、残疾人等。解决他们的生活保障问题需要依靠社会救济和社会福利部门，他们没有能力缴纳社会保险费用，只是被动地接受保障。但劳动者不同，他们有劳动收入，只是在发生意外失去劳动收入时才需要接受补偿。因此，在他们有劳动收入时，有义务分担社会保险费用。这一特点也表明，社会保险费用不能完全由国家统包下来，而应由国家、企业、劳动者共同负担。

（4）统筹互济性。

社会保险通过国民收入的分配和再分配形成专门基金，其中不同比例的资金供统一调剂使用，使社会劳动者共同承担社会风险。一般地，在形成社会保险基金的过程中，高收入的社会劳动者比低收入的劳动者缴纳较多的保险费；而在使用的过程中，一般根据实际需要进行调剂，不是完全按照缴纳保险费的多少给付保险金。可见，社会保险具有较强的统筹互济因素，个人享受的权利与承担的义务并不严格对应。

（5）储存性和增值性。

从每个劳动者的生命历程来看，在劳动者具有劳动能力的时候，社会就以各种方式将其所创造的一部分价值逐年累月进行强制性扣除，经过长年储存积累，在其丧失劳动能力或劳动机会、收入减少或中断时，从积累的资金中为其提供补偿。社会保险基金的储存性意味着这种资金最终要返还给劳动者，因为这种资金不能移作他用，社会保险经办机构只能利用时间差和数量差使之增值，使劳动者因基金增值而得益，从而进一步体现社会保险的福利性。

与储存性相对应，社会保险基金还具有增值性。被保险人领取的保险金有可能高于其所缴纳的保险费，其差额除了企业（雇主）缴纳和政府资助外，还需要保险基金的营运收入来补充。从投保开始到领取给付，物价在不断上涨，保险基金只有投入营运才能保值增值，否则就达不到社会保险的保障目的。在这一点上，社会保险基金同商业保险基金相似，而不同于财政后备基金。

4.1.2 社会保险基金运行的构成要素

1. 社会保险基金来源

从各个国家的实际情况来看，除工伤保险基本上由企业负担外，其他保险项目的基金，一般由个人、用人单位及国家三方出资形成。大体上可以分为三种出资模式：个人、企业和国家共同分担的出资形式，企业和国家分担的出资形式，个人和企业分担的出资形式。社会保险基金主要来源于个人缴费、企业缴费、政府资助或补贴、基金的投资收益四种形式。此外，还有其他经营性收入，如利息、利润以及社会捐赠等也可进入社会保险基金。

2. 社会保险基金筹集方式

（1）开征社会保险税。

社会保险税是国家为确保用于各种社会保险所需要资金而对雇主及受益人取得的

工薪收入征收的一种税。税率的形式有两种：一种是比例税率，即在规定的税基限额下均适应一个税率；另一种是累进税率，即根据工薪收入的不同级距设置不同税率。

开征社会保险税是大多数国家普遍采用的一种筹资形式。到目前为止，建立社会保险制度的 160 多个国家中，有 80 多个国家开征了社会保险税。通过开征社会保险税筹资的国家，保险项目简单明了，缴税和支付均遵循统一的章法。以这种筹资形式筹集的社会保险基金直接构成政府的财政收入，成为政府预算的重要组成部分，因此社会保险收支平衡的状况直接影响政府财政收支平衡，组织和管理社会保险收支是财政部门的一项经常性工作。

（2）社会保险统筹缴费。

社会保险统筹缴费是指由雇主和雇员以缴费的形式来筹集社会保险基金。社会保险基金由政府指定专门机构负责管理和运作，不直接构成政府财政收入，不足部分由财政专款补助。因此，政府财政部门不直接参与社会保险基金的管理和营运，但对社会保险收支进行监督。实行社会保险统筹缴费的国家，保险项目比较繁杂，并且每一项目都有相对独立的一套缴费办法。

（3）建立预算基金账户制。

预算基金账户制是一种强制性储蓄，具体方法是将雇员的缴费和雇主为雇员的缴费存入个人账户。这笔款项及由此产生的利息之所有权归雇员个人，政府仅有部分使用权和调剂权。新加坡是实行这一制度的代表国家。

3. 社会保险基金支付方式

社会保险基金支付是指社会保险基金管理机构按照法律法规规定的条件、标准和方法支付各类社会保险金，是社会保险政策的最终目标与其保障功能实现的体现。社会保险基金的最终支付，一般是以货币形式支付，如养老保险金、失业保险金和部分医疗保险津贴，部分是以实物形式和服务形式支付。

社会保险基金支付的具体方式与具体的社会保险种类以及该种类的特征、功能是紧密相关的。以养老保险金支付为例，养老保险金是劳动者退休后的养老生活保障，因此大多数国家都禁止将养老金账户金额一次性支付给领取者，而一般要求通过退休年金、分期支付等方式进行。在养老金退休给付方式上，拉美许多国家采用年金、定期给付、递延年金三种给付方式。

4.1.3 社会保险基金的运行条件和平衡条件

1. 社会保险基金的运行条件

立足于社会保险制度体系而言，社会保险基金能否正常运行，取决于社会保险制度是否具有可持续性、社会保险基金管理模式的合理性与社会保险基金管理与监督的有效性；而立足于社会保险基金运行的外部环境而言，社会保险基金能否正常运行还取决于宏观经济环境、金融市场环境、财政环境以及人口法律环境等因素。

（1）稳健的经济发展环境与完善的金融市场。

经济发展水平制约社会保险制度的保障范围和保障程度，经济发展程度决定了人们对社会保险的需求程度，也决定了有关经济主体是否有能力为社会保险制度提供资金支持。经济的健康发展，保证了人们在既定社会保险制度下良好的缴费能力，在一定程度上保证或者提高了社会保险制度的筹资能力。富有效率的经济发展水平，意味着微观经济主体企业有良好的经济效益和利润水平，这也为社会保险基金投资于其准许投资的项目提供了投资利润的来源。立足于更高的整合层面，建立与经济发展水平相适应的社会保险制度，才有可能实现社会保险制度与经济增长的相互促进。

完善且具有效率的金融市场是社会保险基金投资运营的重要前提条件，是社会保险基金保值增值的重要场所。金融市场的成熟度、金融机构监管系统的完善程度和风险控制能力也将制约和影响养老基金的发展。金融市场的成熟度决定了社会保险基金管理模式的选择，决定了社会保险基金的投资范围与具体的投资工具种类，决定了社会保险基金管理的监督模式选择；金融市场的开放程度决定社会保险基金投资的资产质量与资产结构；金融市场的效率及其资源配置功能决定和影响社会保险基金管理的效率。完善的金融市场也是社会保险基金与金融市场互动的重要经济条件，没有一个完善的金融市场，难以实现社会保险基金与金融市场的互动，没有规模巨大的社会保险基金在金融市场的参与，金融市场也难获得长足的发展。

（2）可持续发展的社会保险制度。

社会保险制度是社会保险基金运行的制度载体。只有一个可持续性的社会保险制度，才能保证社会保险基金的筹资、投资与代内或代际间支付的连续性；只有一个具有可持续性的社会保险制度，才有可能形成对社会保险制度的可信任度和制度良性预期，进而形成社会保险基金稳健运行的制度基础。只有一个体现公平与效率的社会保险制度，才能充分体现社会保险制度的保障性和内在激励性，使社会公众参加到社会保险制度体系中来，形成日渐强大的社会保险基金。

（3）有效的社会保险基金管理模式。

在健康的经济发展环境和完善的金融市场条件下，具有良好制度基础的社会保险基金要保证其良好运行，还应该选择和社会保险制度相对应的有效的社会保险基金管理模式。目前，社会保险基金管理有多种模式，有强调政府集中管理的模式，如新加坡、马来西亚等国的中央公积金；有强调按委托而建立的信托基金管理模式，如美国、日本；有按私营竞争性原则运作的基金管理模式，如智利。

（4）富有效率的社会保险基金投资营运与监督管理。

社会保险基金的投资营运与管理成为社会保险基金管理的核心内容，富有效率的社会保险基金投资运营，能够充分保证社会保险基金的保值增值。在完全的现收现付财务制度中，在一定的条件下可以减少现行制度参与者的缴费率，进而增加制度参与者的可支配收入；在完全的基金制财务制度中，在缴费基础相对稳定的条件下，较高的投资收益率可以形成制度参与者较高的退休金价值。因此，确定社会保险基金的投资范围，运用现代投资组合技术与社会保险基金的投资组合策略，选择有效的战略性资产配量与战术性资产配置技术，注重资产负债管理与整合风险管理技术的运用，是社会保险基金投资营运的重要内容。

社会保险基金监管包括社会保险基金监管模式选择、社会保险基金投资营运的各项规则的建立与完善、投资营运机构的认定、投资营运与行政管理的各类制度准则、信息披露制度的建立与完善、监管体制及其职能划分等内容。

2. 社会保险基金的平衡条件

社会保险基金的筹资模式有现收现付制、基金制以及部分基金制三种模式，在技术机制上这三种运行模式各有不同，但都必须遵循其内在的平衡条件，即社会保险的各项资金来源应该与社会保险金的各项支出项目保持某种程度的平衡。社会保险基金的平衡既要重视短期平衡，也要充分关注其中长期平衡。

（1）现收现付制养老保险基金的平衡条件。

现收现付养老保险基金的财务平衡机制是"以支定收，略有结余"，完全现收现付制的养老保险基金的平衡条件可理解为"用缴费者当年保费收入支付退休者当年养老金给付"（即这一代人的缴费作为上一代人的养老金给付）。假定：

保险费(R_t) = 保费收入 ÷ 工资总额

基金平衡条件：

$$当年保费收入 = 当年养老金给付$$

$$工资替代率(B) = 养老金(P) ÷ 社会平均工资(E)$$

$$制度赡养率(D) = 退休人口(R) ÷ 在职人口(E)$$

$$R_t = \frac{养老金给付总额}{社会工资总额} = \frac{养老金(P) \times 退休人员(R)}{平均工资(W) \times 在职人口(E)} = \frac{P}{W} \times \frac{R}{E}$$

$$R_t = 工资替代率\left(\frac{P}{W}\right) \times 制度赡养率\left(\frac{R}{E}\right)$$

在现收现付制度中，养老保险基金保费收入取决于缴费率和工资总额，保费支出则取决于工资替代率和制度赡养率，工资替代率取决于养老金给付水平和社会平均工资状况，制度赡养率取决于人口年龄结构和退休年龄。

因此，在现收现付养老基金中，要让每一代人承担的缴费水平和工资替代率水平基本相当，则要求制度赡养率相对稳定。而在人口老龄化背景下，制度赡养率会越来越高，要保证现收现付养老基金的收支平衡，或者是提高养老保险缴费率，或者是降低这一代人或下一代人的工资替代率（养老金给付水平）。而缴费率具有一个相对的上限，工资替代率（养老金给付水平）具有相对的刚性，这都对现收现付养老基金的收支平衡形成较大影响。

（2）完全基金制养老基金的收支平衡条件。

完全基金制养老保险制度是代际内的自我赡养保障模式，其财务平衡机制体现为制度参与者保费及投资收益在退休时的终值等于未来养老金给付在退休时的现值。

假定雇员第一年有供款cW（c为费率，W为起始工资），工资增长率为g，基金收益率为r，供款每年以$1+g$的速度增长，基金积累以$1+r$的速度复利增长，缴费年数为n年，领取年数为m年，给付率为b，退休基金在n年末的累积值为未来m年给付额在n年年末的现值。

基金平衡条件：

$$cW[(1+r)^n + (1+g)(1+r)^{n-1} + \cdots + (1+g)^{n-1}(1+r)]$$

$$bW(1+g)^n\left[1 + \frac{1+g}{1+r} + \frac{(1+g)^2}{(1+r)^2} + \cdots + \frac{(1+g)^{m-1}}{(1+r)^{m-1}}\right]$$

退休基金在 n 年年末的积累值＝未来 m 年给付额在 n 年年末的现值，即：

$$cW[(1+r)^n + (1+g)(1+r)^{n-1} + \cdots + (1+g)^{n-1}(1+r)] =$$

$$bW(1+g)^n\left[1 + \frac{1+g}{1+r} + \frac{(1+g)^2}{(1+r)^2} + \cdots + \frac{(1+g)^{m-1}}{(1+r)^{m-1}}\right]$$

在工资增长率 g 等于基金收益率 r 时，所需的保费率 c 为：

$$c = b \times m/n$$

如果基金收益率 r 低于工资增长率 g，所需的保费率 c 为：

$$c > b \times m/n$$

可见，在完全基金制条件下，影响养老保险基金收支平衡的因素不仅有保费率、预期退休金水平和自我负担率，还与基金收益率、退休年龄等因素相关。在养老金缴费一定的情况下，退休年龄延长，养老基金投资收益率越高，退休养老金的累积价值就会越大；反之，在未来退休金累积价值一定时，养老基金投资收益率越高，工作期间缴费时间越长，工作期间缴费率则相对较低。而在经济现实中，由于经济增长具有周期性，投资收益具有变动特征，人均寿命总体上具有延长趋势，完全基金制下的养老基金平衡是在一种动态条件中的不断调整的动态过程。

4.2　社会保险基金管理概述

4.2.1　社会保险基金管理的内涵与外延

1. 社会保险基金管理的含义

社会保险基金管理是为实现社会保险的基本目标和制度的稳定运行，对社会保险基金的运行条件、管理模式、投资营运、监督管理进行全面规划和系统管理的总称，是社会保险基金制度安全运行的核心环节。

由于社会保险自身的特点，决定了社会保险基金管理是综合的管理系统，它不仅包括作为长期和短期货币收支计划的基金管理制度和方式，而且涉及经济、社会、法律、人口尤其是财政、金融等诸多复杂领域。

2. 社会保险管理的基本内容

（1）社会保险基金管理的法律法规体系。

社会保险基金作为国家社会保险制度的重要经济基础，对其管理必须纳入法制轨道。不同国家社会保险基金管理的法律不尽相同，大体分为两种情况：一种是社会保障法或社会保险法中对基金管理的问题有专门的法律条文；另一种是依据专门的社会保险基金投资法或退休基金法规定，制定社会保险基金的收缴、投资营运、投资组合及监督条款。

（2）社会保险基金管理模式选择。

对于规模庞大的社会保险基金，通过什么方式实施管理，是政府专门机构直接管理，还是委托有关金融服务机构实施分散化管理，或是通过私营化、市场化的方式进行管理，乃是社会保险基金管理的核心内容之一。不仅如此，如何根据各国自身的经济、政治、社会、法律及人文条件，探索适合各国国情的社会保险基金管理模式更是基金管理的枢纽之点。目前，社会保险基金管理存在多种模式，有强调政府集中管理的模式，如新加坡；有强调委托代理而建立的信托基金管理模式，如美国；也有按直接私营竞争性原则运作的基金管理模式，如智利。多层次社会保险模式已成为各国在21世纪的目标模式，选择不同类型的社会保险基金管理模式，强调对基本保险和补充保险进行分层管理，对于有效实施社会保险基金管理意义重大，也是国际社会保险基金管理的前沿及热点课题。

（3）社会保险基金的投资营运及风险管理。

随着部分积累模式和多层次社会保险基金框架的确立并受到人们日益广泛的关注，社会保险基金的投资营运及风险管理已成为基金管理的核心内容。如何在动态经济条件下实现社会保险基金的安全营运、有效投资、保值增值及风险管理，成为多层次社会保险制度稳定运行的关键性约束条件之一。遵循社会保险基金投资的安全性、盈利性、流动性的原则，对社会保险基金投资营运进行有效管理，并按照现代投资组合理论与技术，实施资产负债管理、投资组合管理和风险管理，体现基金投资多样化和分散化的投资理念，遵循投资项目期限匹配原则，在稳健有序的资本市场中，按照一定的投资组合规则，实现基金安全营运原则下的较高投资收益。

（4）社会保险基金监管。

基金监管通常是国家授权专门机构依法对社会保险基金收缴、安全营运、投资活动及基金保值增值等过程进行严格监控。社会保险基金监管的主要内容包括：第一，建立和完善社会保险基金投资营运的各项规则，进行保险基金营运机构资格认定，制定各类监管准则；第二，通过具体的监管方式和监管手段，监督实施各类基金管理规则，实施对社会保险基金投资营运的有效监管；第三，通过立法监管、经济监管、行政监管和其他多种监管方式的共同作用，乃是实现社会保险基金管理的规范、有序和稳健发展的重要制度保证。

（5）社会保险基金管理内外部条件的协调。

社会保险基金管理是一个极为复杂的系统工程。它既同经济发展、宏观经济运行乃至国际经济运行密切相关，又同资本市场和金融市场、财政收支状况、法律制度环境具有十分密切的内在关联。不仅如此，社会保险基金管理的绩效，又在很大程度上取决于社会成员对各项规则的自觉遵从意识，取决于信任和信用关系的基础性制度环境的约束。在某种意义上，制度文化条件的约束对社会保险基金管理的可持续发展具有十分关键的意义。

（6）社会保险基金管理与财政金融的互动效应。

社会保险基金的征缴、保管、投资营运、保值增值以及基金监管的全过程，都在不同程度上与财政金融具有非常密切的联系和很强的互动效应。良好的社会保险基金营运绩效无疑会较大幅度减轻国家财政负担，反之则会增大国家财政负担。而社会保险基金购买国债的投资行为不但较大程度地影响财政发行国债的规模和吸收能力，又对社会保险基金的安全营运具有积极的影响。

社会保险基金与金融市场、资本市场的互动效应，是基金管理中非常重要的组成部分。社会保险基金介入资本市场的规模与结构，对完善资本市场发展具有重要促进作用。而资本市场的规范和有序发展，又是社会保险基金投资营运的基本约束条件，尤其对基金制和统账结合的社会保险制度而言，金融市场的完善程度及其在未来的健康发展，更是至关重要的制度性约束。

4.2.2　社会保险基金管理的主要途径

1. 财政集中型基金管理途径

在一些欧美国家的社会保险制度构架中，采取财政集中型基金管理途径来实施社会保险基金的管理，就是以建立社会保险预算或直接列入国家财政预算的方式管理社会保险基金。前者强调社会保险预算与政府总预算项目分离，作为专项预算，在政府预算中保持相对独立性，不能直接动用社会保险基金弥补财政赤字。后者则将社会保险收支与政府预算融为一体，当社会保险基金收大于支时，政府可将其用于安排其他支出甚至用于弥补财政赤字；当社会保险基金收不抵支时，则通过财政预算款予以弥补。

2. 多元分散型基金管理途径

多元分散型基金管理途径是指社会保险专门机构委托银行、信托、投资公司、基金管理公司等金融机构对社会保险基金在法律允许的范围内进行信托投资，并规定最低投资收益率的基金管理途径。

多元分散型或多元竞争型基金管理途径具有较高效率、较高投资收益，同时具有投资方式种类、投资组合上的较大的灵活性。由于多元竞争的特点，在一定程度上分散了基金投资风险，增进了基金营运的透明度和投资绩效，强化市场机制的作用，成为近年来世界上许多国家社会保险基金管理决策与改革的热点问题，受到许多国家的重视。当然，也受到经济环境、金融环境、法律法规的完善程度的制约。关于这类基金的管理途径，金融市场的完善程度和规范的市场运作是其重要的约束条件。

3. 专门机构的集中基金管理途径

专门机构基金管理途径是指由相对独立和集中的社会保险银行、社会保险基金管理公司或基金会等专门机构负责社会保险基金的管理和投资营运。社会保险基金管理专门机构的董事会由财政、金融、劳动保障、工会、审计和社会保险机构等有关方面代表组成。通过严格规范、严格监控的方式，集中管理社会保险基金，负责实施基金投资营运，制定投资组合政策，实现基金保值增值目标。在东南亚国家的社会保险基金管理中，专门机构的集中管理途径较为普遍。

4.2.3　社会保险基金的管理模式

1. 社会保险基金筹资模式

按照社会保险基金筹集的方式不同，以社会保险基金是否进行积累为标准，社会保险基金管理模式有现收现付制和基金制之分，还有由这两者混合而成的部分基金制。

（1）现收现付制。

现收现付制（Pay-as-you-go）是指通过"以支定收"，使社会保险收入与支出在年度内大体平衡的筹资模式。为避免过于频繁地调整缴费水平、防止短期内可能出现的收支滑动，一般保留有小部分流动储备金。在现实生活中，现收现付主要在社会统筹运行模式中采用。现收现付制运行的基本原理是：在长期稳定的人口结构下，由制度内生产性劳动人口负担老年劳动人口的退休养老费用，而现有生产性劳动人口的退休费用，则由下一代生产性劳动人口负担。因此，维系机制运转的基本约束条件是长期相对稳定的人口结构，劳动者代际间收入转移与再分配是其经济内涵。短期收支平衡是现收现付的基本特征。

现收现付制的优点包括：①费率调整灵活，易于操作。②有助于实施保险金随物价或收入波动而调整的指数调节机制。③通过收入调节与再分配，在一定程度有助于体现社会保险的共济性与福利性。

现收现付制的局限性表现为：①在人口老龄化的背景下，生产性人口与退休人口的比例严重失调，在职劳动者的经济负担日益严重，现收现付社会保险的筹资模式难以为继。②现收现付机制存在着某些不利于发展的因素。例如，过高的缴费比例会直接影响企业产品的竞争能力，进而影响经济发展；现收现付机制对储蓄和劳动力市场供求的消极影响，也会不同程度地影响经济发展。

（2）基金完全积累制。

基金完全积累制是通过预提积累方式筹集保险基金及其投资收益，以便能够支付确定水平的、未决社会保险金给付的货币现值。一方面，预提积累的缴费比例在一定的人口、经济发展及其他因素基础上进行精算估计确定，积累的基金数额构成保险金给付的基础；另一方面，保险金给付数额最终取决于积累规模和投资收益。基金完全积累制强调劳动者个人不同生命周期的收入再分配，即将劳动者工作期间的部分收入转移到退休期间使用。利率水平、稳定的金融市场是基金完全积累制运行的重要条件。

基金完全积累制的优点包括：①通过预提积累保险基金，有利于实现人口老龄化背景下对劳动者的经济保障。②强调劳动者的自我保障，激励机制强，透明度高。③有利于增加储蓄和资金积累，促进资本市场的发展，进而对经济发展具有重要推动作用。

基金完全积累制的局限性是：①对于长期性社会保险计划，积累的保险基金容易受到通货膨胀的影响，在动态经济中，如何实现基金的保值增值，具有相当的难度。②社会保险基金容易受政府行为干预，如将基金用于弥补财政赤字。基金在金融市场上的投资存在较大的风险性，若管理不善，可能严重影响社会保险基金的支付能立。

（3）基金部分积累制（混合制）。

基金部分积累制，又称混合制，是基金制与现收现付制的结合。这种模式根据两方面收支平衡的原则确定社会保险费率，即当期筹集的社会保险基金一部分用于支付当期的社会保险金，另一部分留给以后若干期的社会保险金支出，在满足一定时期（通常为5~10年）支出的前提下，留有一定的积累金。因此可以说，现收现付制是社会保险基金的短期平衡，基金制是长期平衡，而部分积累制则是中期平衡。部分基金制既不像现收现付制那样不留积累基金，也不像基金制那样预留长期使用的基金，它的储备基金规模比现收现付制的大，比基金制的小。这种模式兼具前两种模式的特点。就养老保险而言，这种模式力图在资金的横向平衡（工作的一代与退休的一代）和纵向平衡（人口年轻阶段与年老阶段）之间寻求结合点。同时，由于预留了一部分积累资金，使现收现付制模式下未来可能遭遇的人口老龄化所带来的沉重的支付压力得以减轻；又由于积累的资金规模比基金制的小，使得通货膨胀中基金贬值的风险得以降低。

实践中，由现收现付制向基金制转轨时，由于一次性填补过去现收现付制积累的债务非常困难，通常选择保留一部分现收现付制，同时建立个人账户，这便是部分基金制。20 世纪 90 年代，我国社会养老保险制度改革就采用了这一思路，现行基本养老保险制度就是据此思路设计的。

2. 社会保险基金给付模式

按照保险金给付的确定方式不同，社会保险基金待遇给付模式主要有确定给付制（Defined Benefit，DB）和确定缴费制（Defined Contribution，DC）两种。还可以将这两种模式结合起来形成一种混合模型，实践中有目标给付型（Target Benefit）、现金平衡型（Cash Balance）和名义账户制（Notional Defined Contribution，NDC）等。确定给付制和确定缴费制及其混合模式主要用于养老保险基金的给付管理。

（1）确定给付型（DB）。

确定给付型根据雇员参加养老保险计划的年数和工资收入水平预先确定其退休后的养老金水平，再通过精算方法确定其缴费水平。

确定给付制之中，养老保险基金的筹集模式可采用现收现付制，也可采用基金制，还可以采用部分基金制。但采用的筹资模式不同，其分配效果不同。在现收现付制之中，不论养老金给付如何规定，收入均由在职者群体向退休者群体分配，因而存在养老保险制度覆盖范围内的代际间再分配。如果以固定数额规定给付，则存在不同收入水平职工的同代人内部收入的再分配；如果以工资的固定比率给付，则存在不同工龄职工收入的再分配。在基金制之中，积累的养老金权益与积累的资产相对应，不存在代际之间的收入再分配，但如果采取不同的给付方式，则存在不同收入水平之间、不同年龄或不同工龄之间的收入再分配。在部分基金制之中的情况是上述两者的结合。

与确定缴费制相比，确定给付制具有如下特点：

①以支定收。在确定给付制之中，养老金给付方案预先确定，养老保险费率随后决定。养老金给付方案通常由规定给付公式来表现，其主要变量有工龄和某段时间的工资水平，如退休前若干年的平均工资或整个工作期间的平均工资。事实上，选定现收现付制的筹资模式，即选定了确定给付制为给付确定方式，因为以支定收是二者的共同基础。

②收入关联。确定给付制之中，劳动者的养老金待遇是以现实收入状况为基础确定的，与其退休前的实际收入直接相关，而与其在养老保险制度中缴费的数量只有间接的关系，因而养老保险待遇与工薪收入有某种关联，但并非必然体现在数量上的绝对对等。由此可见，确定给付制着重强调劳动者需按收入的某种比率缴纳养老保险费（或税），至于待遇结构并非必然表现在数量上的对等。

③政府承担风险。确定给付制之中，养老保险的基金管理者（即保险人或养老保险计划的主办者）因为预先承诺了给付水平而承担风险，所以社会养老保险的基金风险由政府承担。

④初始无基金。给付预定的养老保险计划，在计划建立之初是没有基金的。通常养老保险计划的主办者根据工作年数承诺给付，对建立保险计划时有一定工龄的雇员在过去的工作贡献予以养老承诺，使不同年龄的雇员得到平等的对待。由于建立保险计划前，雇员个人和雇主并没有为养老保险基金缴费，承诺的给付从建立保险计划起就形成净债务，这需要由其他方面的基金补充或者在职人员分摊。

⑤精算定成本。确定给付制中，养老保险计划预定的实际成本由保险计划所承诺的给付水平、参保人员的死亡率、未来工资增长率、养老基金的投资收益、保险计划的管理费用等决定，在保险计划承诺的所有给付完成之前，保险计划的成本是未知的，每年必须通过精算确定缴费水平。

⑥待遇调整灵活。确定给付制之中，一方面，由于养老金待遇与现收现付的年度平衡计划密切关联，养老金给付能够随物价涨幅和通货膨胀态势进行调整以保障劳动者的最低收入；另一方面，由于它与现实收入的关联性，使得养老金待遇随工资收入增加而提高，保险待遇水平体现经济社会发展成果，即退休者享受经济社会发展的成果。

（2）确定缴费型（DC）。

确定缴费制即先经过预测确定缴费水平，据以筹集养老保险基金，基金逐渐积累并获得投资收益，雇员退休时，以其相应的缴费及投资收益在退休时的积累额为基础发放养老金。经过预测而确定的缴费水平是一个相对稳定的缴费标准（费率），包括雇主和雇员的缴费标准，据此缴纳的保险费进入养老保险基金。

从理论上讲，确定缴费制的养老保险计划可以采取个人账户和集体账户两种形式。采用个人账户形式时，在每个账户下记录着雇主为雇员的缴费、雇员自己的缴费、账户基金投资收益以及账户支出、管理费用和投资损失等。与银行存款账户类似，个人账户的余额表明个人已积累的可以在退休后领取养老金的总额，其所有权归个人。采用集体账户时，不分别记录个人的积累，雇主和雇员个人的缴费记入保险计划的专项基金中，基金投资由代表雇员利益的团体监督，雇员个人的权利融入参加养老保险计划的集体成员中。实践中，确定缴费的养老保险计划较多地是采用个人账户形式，个人账户使个人的缴费与积累的养老金权利相对应，容易被人们理解和接受，从而减少拒缴保费的可能性，以利于提高基金收缴率。因此，确定缴费制的养老保险计划又称为个人账户计划。

雇员退休时，其个人账户的余额是今后享受养老保险待遇的依据。基金管理者据此确定养老金给付额，即相当于购买一个一次性缴清保费的终身年金。当然在某些情况下也允许雇员按照规定将个人账户余额一次性领取。

与确定给付制相比，确定缴费制有以下特点：

①给付与缴费和投资收益关联。确定缴费制的养老保险计划预先规定缴费水平，通常是以雇员工资的一定比率、固定数额或企业利润的一定比率为每个雇员缴费，雇

员退休时能得到的是这些缴费及其投资收益的积累额。缴费越多，则得到的给付越高；缴费越少，则得到的给付越低。这种养老保险计划不承诺最低给付水平。养老金给付水平除了与缴费多少相关外，显然还与投资收益率的高低密切相关。投资收益率高，则给付水平高，投资收益率低，则给付水平低。

②机理简单，透明度高，易被接受。确定缴费型的养老保险计划采用个人账户方式，建立了缴费和享受待遇之间的直接联系，强调劳动者的自我积累和自我保障意识，体现了社会保险计划的效率机制，有助于增强人们对社会保险制度的认同感，易被劳动者理解和接受。此外，个人账户余额可以继承和转移，有利于劳动者的合理流动。

③生命周期收入再分配。确定缴费制建立了生命周期内的收入再分配机制，对于鼓励劳动者合理安排其收入和消费是积极的，既可抑制超前消费，也可鼓励劳动者对退休储蓄提早做出安排，以减轻社会的经济压力。当然，在这种机制下，不同收入状况的劳动者之间的收入再分配功能较弱，而且容易造成一些低收入阶层难以通过个人账户积累得到的保险金来实现最低经济保障的目标。此等情况，若无政府其他干预措施，则可能形成部分低收入者保障不足的问题。

④劳动者自担风险。在确定缴费的养老保险计划中，预先确定缴费水平，并以个人账户方式分配缴费及投资收益，个人账户的积累额是退休后养老金的基础。因此，养老基金的投资风险由劳动者个人承担。投资回报率低，将直接降低养老保险基金在退休时的累积额，从而降低退休后的待遇。

4.3 社会保险基金投资运营

4.3.1 社会保险基金投资原则

任何投资都要兼顾安全性、流动性和收益性的原则，只不过投资要求不同，三者的优先次序有所不同。社会保险基金的社会保障功能决定了其投资原则的排列顺序是：安全性、收益性、流动性，即在保证基金安全的基础上提高基金的收益率，保证其流动性需要。

1. 安全性原则

安全性是指收回投资本金及相关投资收益的保障程度，社会保险基金投资管理以安全性作为首要原则。相对于共同基金和商业保险基金而言，社会保险基金投资对其安全性的要求更高。由于大多数国家的养老保险制度一般采用多层次的制度模式，在基于养老保险基金投资安全性的前提下，不同层次的养老保险制度对安全性的要求又呈现层次性的特征。

2. 收益性原则

社会保险基金投资的收益性原则是指在符合安全性原则的前提下，社会保险基金投资能够取得适当的收益。从一定意义上讲，这是社会保险基金投资最直接的目的。社会保险基金投资收益的大小直接影响社会保险基金的财务平衡，也影响到投保人缴费的高低，如智利养老基金的缴费率较低，其费率为缴费工资的 10%，在一定程度上与智利养老基金投资的高收益相关。在养老金累积价值一定和其他变量相对固定的情况下，养老基金投资的收益率越高，投保人所缴纳的费率则相应较低。在社会保险基金投资过程中，一些国家还规定最低收益率，较多国家规定养老基金投资收益不得低于一个以指数确定的基数，甚至还规定建立投资收益波动准备金，或者建立投资收益担保制度等（见表 4.1）。

表 4.1　　　　　　　　　　拉美国家投资收益与最低养老保证情况

	绝对收入保证	相对收益保证	给付支出保证	最低保证养老金
阿根廷	√	√		
玻利维亚				
哥伦比亚		√		√
智利		√		√
哥斯达黎加				
多米尼加共和国		√		
萨尔瓦多		√		
墨西哥				√
尼加拉瓜		√		√
秘鲁		√	√	
乌拉圭	√			

资料来源：林义. 社会保险基金管理 ［M］. 2 版. 北京：中国劳动社会保障出版社，2007：78.

3. 流动性原则

社会保险基金投资的流动性是指投资资产在不发生损失的条件下可以随时变现以满足支付社会保险待遇的需要。社会保险基金中，不同性质的投资对流动性的要求不同，完全积累的养老金投资对流动性的要求相对较低，对于每个委托人而言，由于基金在到期（退休）前不能提取，因此不具有流动性，可以投资于与期限相匹配的长期投资工具以获得较高收益；在到期后，如果个人选择按月定期支取，那么仍会有一个相对稳定的余额可以投资于长期金融工具。对于基金公司所管理的整个基金而言，在保证支付的流动性需要的基础上，也会有一个相对稳定的余额可以进行长期投资。流动性与收益率之间也具有替换关系，投资于流动性差的投资工具，可以获得更高的收益率。而以现收现付为主要特征并满足于年度支付的基本养老金对养老基金投资的流动性要求较高，因此一般其投资大都选择短期金融工具，如选择短期国债、银行存款、高信用级别的企业债券或商业票据等。

4.3.2　社会保险基金投资工具与投资决策

1. 社会保险基金可选择的投资工具

社会保险基金可选择的投资工具可以分为两类：金融工具和实物工具。

（1）金融工具。

金融工具可以从收益特点、期限等多种角度进行分类。社会保险基金投资的传统金融工具包括银行存款、政府债券、企业债券、贷款合同、公司股票等。各种创新的金融工具包括以资产为基础发行的证券（Asset-backed Securities）、衍生证券等。

银行存款具有较高的安全性，但收益率较低，并且存款期限较短。在社会保险基金刚刚进入资本市场时一般占较大比重，随着投资工具选择的多样化，比重会大大降低，用来作为短期投资工具，以满足流动性需要。

中央政府发行的国债没有违约风险，安全性最高，因而是养老金的重要投资工具。但其投资收益率较低，因而在不同国家的养老金投资组合有所不同。

企业债券有违约风险，因而收益率高于国债，但风险低于股票，也是养老金的重要投资工具，特别是实力雄厚、信誉卓著的大公司发行的债券，在社会保险基金的投资组合中占重要地位。企业的资信程度不同，企业债券也具有不同的风险等级，各国政府通常对社会保险基金投资的企业债券等级有所限制，以防止过高的投资风险。

贷款合同通常是住房抵押贷款及基础设施贷款（以银团贷款的形式参与大型基础设施的项目融资），风险较小，收益稳定。在有些国家，社会保险基金投资于政府的住房计划，往往还要政府做担保。基础设施的项目融资一般有项目建成后的收益现金流及政府税收担保，因而风险也较小。

股票作为股权投资工具，其风险高于固定收益证券，因而也具有更高的收益率。为了保证社会保险基金的收益率，多数国家都允许社会保险基金投资于股票市场，但有些国家限制其投资比例。股票投资的收益来自于股票买卖的价差和持股期间的股息收入。

证券投资基金是由专门的投资机构发行基金单位、汇集投资者资金、由基金管理人管理从事股票或债券等金融工具投资的间接投资制度。证券投资基金最大的优势在于专家理财、组合投资、规避风险、流通性强等特征。随着世界各国信托投资业务的发展，国际资本流动的速度日益加快，证券投资基金已经成为社会保险基金投资的重要投资工具之一。

除了传统的债务工具和股权工具以外，20世纪70年代以来的金融工具创新为社会保险基金投资提供了更广泛的选择，并且有些创新的金融工具本身就是根据养老基金的特点及其投资要求量身定做的。近年来，社会保险基金投资部分进入到可选择性投资工具（Alternative Investment），包括风险投资（Venture Capital）、私募债券、对冲基金（Hedged Fund）、远期（Forward）、期货（Future）、期权（Option）、互换（Swap）等金融工具。1986—2001年，美国的养老基金投资于可选择性投资工具的资产额度从1986年的100亿美元提高到2 320亿美元，欧洲2001年养老基金投资于可选择性投资工具的资产额度为250亿英镑。

（2）实物工具。

社会保险基金还可以投资于实物，包括房地产、基础设施等。实物投资具有投资期限长、流动性差的特点，但能在一定程度上防范通货膨胀风险，因此是社会保险基金可以选择的投资工具。其中，房地产市场受经济周期波动影响有较大的风险，并且由于较强的专业性，所以投资的管理成本较高。有些国家对房地产投资在社会保险基金投资中的比重有严格限制。基础设施投资则更多的是以贷款的形式实现。

虽然各种投资工具具有一般的风险-收益特征，但由于各国资本市场的差异，因而同种投资工具在不同国家之间的风险-收益特征会有所区别。如图 4.1 所示，经济合作与发展组织（OECD）成员国的权益投资占的比重较高，但可选择性投资工具投资比例则在各国有较大的差别。相对而言，贷款及住房贷款是具有较低收益率但风险也较低的投资工具。由于投资工具风险-收益特征的国别差异，各国的社会保险基金需根据本国市场的具体情况进行投资选择，不能盲目照搬。

图 4.1　2015 年 OECD 成员国养老基金资产配置情况（占总投资额的比重）
资料来源：OECD Global Pension Statistics 2016.

2. 社会保险基金投资决策

（1）确定投资目标。

①风险目标。风险目标与社会保险基金风险承受力有关，风险承受力包括投资者承担风险的意愿和能力。影响社会保险基金风险承受力的因素包括三方面。第一，社会保险基金的类别。如果属于基本养老保险范畴，风险承受能力就较低；如果属于补充养老保险范畴，风险承受能力就相对较高。第二，社会保险基金的转移和支付需求比例。如果社会保险基金规模远远超过转移和支付需求，则社会保险基金风险承受力较强。第三，社会保险基金参保人的结构特征。结构特下包括参保人的年龄构成、收入构成等情况。

②收益目标。收益目标以期望收益（即受益人希望达到的收益目标）来表示。期望收益不能脱离市场状况的约束，并且要与风险目标相一致，即在给定风险的情况下追求收益的最大化。收益目标应表现为总收益的形式，即包含了投资的资本利得和利息（红利）收入。

（2）明确投资约束。投资约束包括流动性要求、投资期限、法律法规因素和相关特殊要求等。

（3）制定投资政策和策略。一般包括撰写投资政策书、确定投资策略（投资策略可分为被动投资策略、主动投资策略和半主动投资策略）。

（4）资产配置。通常意义上，资产配置可以分为两个层面，即战略资产配置和战术资产配置。战略资产配置是对投资组合长期资产类别构成的决策，由社会保险基金决策主体完成；战术资产配置是在战略资产配置的基础上，对各类资产比例进行的短期调整，也就是对市场时机的把握，这一职责应由投资管理人完成。

（5）投资业绩评估。社会保险基金需要定期进行投资业绩评估以评判基金投资是否达到预期目标以及投资管理人的运作能力如何。业绩评估包含三个层次的内容：一是业绩衡量，即投资组合的收益率和风险的计算以及经过风险调整的收益率；二是业绩分布，即投资组合收益是由哪些因素造成的，包括资产配置效应（市场时机的把握）和证券选择效应（每类资产中选择价值低估证券的能力）；三是业绩评价，即基于某个市场基准对投资管理人的业绩进行判断。

4.3.3 社会保险基金投资监督管理

社会保险基金投资监督管理原则一般分为数量限制性原则（Quantitative portfolio regulation，QPR）与谨慎人规则（Prudent person rule，PPR），由此形成社会保险基金投资监督管理的数量限制型监督模式和谨慎人监督管理模式。

1. 数量限制规则

实行数量限制性养老基金模式主要基于以下几个原因：第一，缺乏基金管理的经验，尤其是缺乏充分的风险评估模式，这就意味着养老基金要承担过度的风险；第二，资本市场缺乏流动性和透明度；第三，脆弱的资本市场可能阻碍养老基金改革的可持续发展；第四，对养老基金总体风险的限制可以减少政府对养老基金担保所引发的道德风险问题；第五，对于那些承担巨额养老债务的国家来说，向基金制转变的成本较大，而要求养老基金投资于政策债券可以减少这一巨额成本。

数量限制监管模式的主要内容包括：第一，养老基金的投资品种和投资组合一般都是由监管者制定，通常包括规定养老基金可以投资的品种，限制养老基金进行股票、国外证券等高风险投资；第二，规定对每种金融产品的投资限额；第三，规定投资于单个企业或证券发行人发行证券的最高比例；第四，要求养老基金的投资管理人进行规范、详尽的信息披露，有时甚至披露资产净值。对养老基金的投资品种及其资产配置指标实行严格的数量限制，在一定程度上有助于规避养老基金投资的风险，较适合于那些金融体系发育程度较低、资本市场透明度较低、养老基金的发展历史较短的国家。

2. 谨慎人原则

历史上，谨慎人规则起初主要适用于英美法系国家，如英国、美国、澳大利亚、加拿大等。近年来许多非英美法系国家开始放松对养老基金的投资限制，逐渐引入谨慎人规则，如日本、意大利、智利等。2003年，欧盟议会及理事会中《关于职业退休基金机构活动及其监管指导令（Directive 2003/41/EC）》要求成员国将谨慎人规则确定为养老金投资的基本原则。

谨慎人规则起源于信托法。在信托法中，谨慎人规则是指受托人必须以一个拥有相同能力的谨慎之人在经营一个相似性质和目的的企业所应运用的注意、技能、谨慎及勤勉履行其义务。谨慎人规则在本质上是一个行为导向规则（Behaviorally-oriented），其主要关注受托人如何勤勉地履行所负的义务。谨慎主要通过投资管理人投资决策和管理风险的程序来体现，而非通过界定某项具体的投资和风险本身为不谨慎来体现。只要是通过一个完善的程序进行投资决策，即使是最为激进和非传统类别的投资也可能符合谨慎的要求。谨慎人规则一般包括管理人的注意和技能标准、分散化原则、忠实义务、委托的规则等。

4.4 社会保险基金监管

4.4.1 社会保险基金监管的内涵

社会保险基金监管是国家授权专门机构依法对社会保险其余收缴、安全营运、基金保值增值等过程进行监督管理，以确保社会保险基金正常稳定运行的制度和规则体系的总称。社会保险基金监管体系的主要内容包括，对社会保险基金营运机构的选择与确定，制定各项监管规则，设计社会保险基金投资营运的指标体系，构建社会保险基金监管的策略框架，实施社会保险基金的现场监管与非现场监管，构建社会保险基金营运的安全保护机制等，确保社会保险基金的长期稳定运行和实现社会政策目标。

4.4.2 社会保险基金监管模式选择

社会保险基金监管的有效性在很大程度上取决于基金监管模式的选择。尤其是当分析的视角不是仅仅局限在运行机制和技术层面，而是立足于各国具体的经济、政治、社会和文化等制度环境，必然会把社会保险基金监管模式选择置于重要的地位。长期以来，社会保险基金监管均是置于政府机构的直接控制之下，或由政府严格规范，委托专门机构实施监管。近年来，随着经济自由化、贸易自由化、金融保险自由化的呼声日益增大，随着社会保险部分基金制或完全基金制模式受到普遍重视以及私营分散化管理，强调基金营运机构竞争的市场化管理模式成为引人注目的国际潮流，政府的集中监管模式受到较为激烈的批评。目前，以智利为代表的拉美国家，以波兰为代表的东欧国家，在社会保险基金的私营化分散性管理模式以及基金投资营运绩效、投资风险控制等方面积累了重要的经验，对我国的社会保险基金监管体系的构建具有一定的借鉴意义。

然而，对选择何种基金管理模式，则应考虑我国的具体情况。在当前，通过私营竞争性养老保险基金管理公司实施第二层次、第三层次保险计划已成为拉美和东欧国家社会保障改革的一个中心议题，成为美国当前社会保险改革大辩论的焦点之一。显然，基金管理模式的选择绝非技术机制的简单移植，也没有捷径可走。我国应选择相对集中、有较高社会公众信用基础并相对独立的社会保障银行。作为社会保险基金管理的基金模式，应强调管理的相对集中性和有限竞争性原则，强调法规管理和对管理者监控相结合的管理方式。

4.4.3　社会保险基金营运机构资格审定

无论是采取由专门机构如社会保障基金理事会的方式构建相对集中的营运机构，还是构建分散的、适度的、竞争的养老保险基金管理公司，抑或委托现有金融机构、保险机构实行社会保险基金的投资营运，都必须高度重视对营运机构的审批程序和资格审查。一般而言，社会保险基金管理机构只负责社会保险基金的收缴、基金账目的保管、会计事务的处理、基金收益的年度调整及信息披露等日常管理活动。而由外部投资经理负责投资营运时，对基金营运机构的监管主要通过对公司账目、财务报告的定期审查来实现对其日常经营活动的监管。

应当强调，对基金营运管理机构的监管，除了制定各类规则和注重投资经营过程的监管外，对高级管理者的选拔任用和实际监管具有十分关键的意义；否则，各类监管规则的实施效果必然大打折扣。因而，加快专门管理人才的培养，是实现社会保险基金有效监管的重大决策取向，应当引起决策部门的高度关注。

4.4.4　社会保险基金监管体系建立

1. 建立健全社会保险基金监管的法律体系

社会保险基金的收缴、保管、投资营运及保险金的给付都必须纳入法律监管体系。社会保险基金的征缴、运作和有效监管是社会保险基金监管制度构建的关键性环节，必须从立法角度予以保障，严格规范企业、个人的费用征缴。政府专门机构对基金的保管、调拨、投资营运、监控过程、风险控制及保护机制构建等通过政府立法和各项法律制度的完善予以明确定位。

2. 构建社会保险基金的投资规则体系

实现社会保险基金有效监管的一个核心内容是构建基金投资规则体系。为实现社会保险基金投资的安全性、盈利性、适度选择性、流动性原则，欧美国家和一些拉美国家制定了较为严格的基金投资组合规则。对欧美国家来说，实行谨慎人原则的养老保险基金投资的收益率一般高于实行严格投资限制的欧洲大陆国家，前者在股票投资方面限制较少。

值得注意的是，有关投资组合理论与实践的最新发展显示，社会保险基金投资组合限制正突破单纯考虑收益与风险的单一投资组合，而向综合投资组合方向发展，考虑不同年龄段职工的不同风险偏好，考虑收益性、安全性、流动性等综合因素制定不同的投资组合及其限额，如年轻职工的高风险、高收益心理偏好和老职工低风险、高流动性需求，建立新的综合性投资组合理念，或建立不同层次、不同类别的投资组合政策，为职工在选择投资收益及风险防范等方面提供更大的发展空间。

3. 构建社会保险基金监管的规则体系

社会保险基金的有效监管需要建立健全的管理规律体系。这些规则包括控制规则、资产分散规则、外部保管规则、信息披露规则和安全保障规则等。欧美、拉美及东欧国家已在这方面积累了丰富的经验，如制定资产分散规则、外部管理规则、投资组合规则、外部审计与精算规则、信息披露规则等。这些规则对于降低系统风险、代理风险和投资风险具有重要作用。

4. 发挥社会保险基金监督管理委员会的重要作用

国际经验表明，社会保险基金监管委员会不仅在基金日常监管方面发挥着重要作用，而且在基金投资营运的重大投资决策、长期投资战略方面发挥着重要决策咨询和监管作用。在社会保险基金的稳健营运，避免投资决策的重大失误，构筑基金投资的风险防范体系统方面具有举足轻重的作用。社会保险基金监管委员会由经济、财政、金融、保险、审计、工会、工商界代表及专家组成，能够对社会保险基金投资的长期策略、投资方向及投资组合限额、基金的安全营运及风险控制做出科学评价，对基金营运的决策失误和风险补偿机制构建等也发挥非常重要的作用。因而，构建和充分发挥社会保险基金监管委员会的重要作用，成为社会保险基金监管的重要内容之一。

5 养老保险

5.1 养老保险模式

从世界各国推行养老保险制度的实践看，可以把养老保险分为四种模式：普遍保障模式、收入关联模式、多层次模式、强制储蓄模式。[①]

5.1.1 普遍保障的养老保险模式

普遍保障的养老保险模式是指国家为老年人提供均一水平的养老金，以保障其最低生活水平的养老保险计划。这种模式强调的原则是：对不能依靠自身劳动满足自己基本生活需要的老年居民普遍提供养老保障。北欧国家、英国及澳大利亚、新西兰等国均采用此种养老保障模式。

普遍保障模式的特点：

1. 实施范围广

普遍保障的养老计划覆盖全体国民，甚于包括在本国侨居一定年限的外国居民，因而是一种人人皆养老的保障计划。

2. 与个人收入状况无关

无论是不是工薪劳动者，无论退休前工资多少，或者是否有稳定的职业和收入，均为其提供均一水平的养老金。具体给付方式主要有两种：①绝对金额给付方式。例如，英国于1991年规定，无论男女老年人，一律按每人每周46.9英镑的绝对金额给付。②按某一收入基数规定的一定比例支付普遍养老金方式。例如，在瑞典，普遍养老金的给付与领取者对社会的贡献大小、以往的收入、家庭生活状况以及投保时间均无关系，凡达到法定退休年龄，均可获得相同数额的养老金。

3. 资金来源主要靠国家财政补贴

澳大利亚养老保险资金主要来自政府公共税收，集中财力给最需资助的老年人，丹麦养老保险基金的90%由国家财政提供。可见，国家财政资助是普遍保障模式的资金来源。20世纪70年代以来，社会保障制度出现危机，普遍保障模式开始逐渐降低国家财政资助的比重，通过强调发展各类补充养老保险计划来增大企业和个人对社会保险的责任。

实际上，普遍保障模式也仅仅提供最低生活需求，由于各种补充养老保险计划作

---

① 林义. 社会保险 [M]. 3 版. 北京：中国金融出版社，2010：117.

用的日益突出，普遍保障的养老保险模式已逐步向以普遍保障为核心的多层次养老保险模式过渡。

5.1.2 收入关联的养老保险模式

收入关联的养老保险模式是指通过社会保险机制为工薪劳动者建立的退休收入保险计划。它强调缴费与收入、退休待遇相关联，并建立在严格的保险运行机制基础之上。

收入关联的养老保险模式是世界上大多数国家实行的老年社会保险模式。收入关联养老保险模式的基本特点如下：

1. 实施三方负担的财务机制，是社会保险筹资方式的典型形式

养老保险通过企业、个人和国家三方负担社会保险费用，是自世界第一个养老保险制度在德国建立以来，社会保险制度一直遵循的一个基本原则。按照社会保险法律，企业和个人必须按工资或收入的一定比例缴纳养老保险费，从参加保险计划之日起，缴纳养老保险费就与收入相关联。政府也应负担一定的养老保险费用，具体出资方式和水平，各国有不同规定。

2. 实行与收入关联的给付机制

收入关联养老保险制度的一个重要特征，就是养老保险的给付水平与收入相关联。保险金给付机制中最主要的部分是工资挂钩养老金，它以退休者在就业期间领取的最高工资或几十年的平均工资作为计算基础，将养老保险金与劳动者期间的劳动贡献建立起某种关联。不仅如此，收入关联养老保险给付结构和水平的更为重要的制约因素是收入替代率。它是指劳动者领取的养老保险金占退休前收入的比例，旨在表明养老金同劳动者退休前收入的某种关联，反映劳动者领取的保险金在何种程度上体现了养老保险的保障目标。因此，劳动者退休前的平均工资、收入替代水平和投保期限共同构成收入关联保险金的给付水平。20世纪70年代以来，由于通货膨胀，各国都建立了保险金的指数调节机制，使保险金与物价波动、工资增长水平等建立起某种关联，一方面使养老保险金随在职劳动者平均工资的提高而提高，另一方面可防止保险金因通货膨胀而贬值。

3. 具有较强的收入再分配特性

收入关联养老保险模式在筹资方式、给付结构等方面都有别于普遍保障模式和强制储蓄养老保险模式，呈现出较强的收入再分配特性，如缴费基数下限与上限的规定。给付结构中也有明显的不同代际间、不同收入水平间的收入再分配特性。通过特定的技术机制，高收入阶层向低收入阶层进行某种程度的收入转移，从而体现养老保险的社会政策目标。

4. 集中统一管理，社会化程度很高

作为在世界许多国家推行的养老保险制度，收入关联模式在立法管理、行政管理、信息管理等方面都强调统一管理。它与收入、职业相关联，大都经历了工业化、城市化的发展过程。在不少发展中国家中，由于二元经济的特定结构，收入关联的养老保险成为在城镇起主导地位的社会养老方式，发挥了重要的作用。

5.1.3 多层次的养老保险模式

多层次养老保险模式是国家根据不同的经济保障目标，综合运用各种养老保险形式而形成的老年经济保障制度。多层次养老保险制度是第二次世界大战后在一些工业化国家逐渐形成，并在20世纪80年代颇受重视的养老保险模式。多层次养老保险模式在发达国家引起重视，主要根源于福利国家的危机、各国日益增大的养老保险费用支出、养老保险与经济发展的内在关联性、人口老龄化的压力及国家承担过多责任的原有制度存在的种种弊端。在此意义上，第二层次、第三层次的养老保险计划逐渐被纳入国家总体养老保险计划之中，并给予了广泛的关注。对众多发展中国家以及经济转轨国家而言，多层次养老保险模式对于解决当前面临的养老保险制度危机具有重要的现实意义。

20世纪90年代以来，世界银行、国际货币基金组织的专家在总结一些国家多层次养老保险模式经验的基础上，提出通过四个层次构建新的养老保险模式。

第一个层次：国家举办的、以强制储蓄计划为特征的养老保险计划。它强调和鼓励劳动者的自我保障意识，在劳动期间为日后的退休经济保障提供资金积累和准备，为处置劳动者面临的长期不确定收入风险提供保险保障。

第二个层次：国家举办的以收入再分配为特征的养老保险计划。它强调社会公平原则，为那些无法通过自我积累，实现养老保险目标的低收入劳动者提供基本收入保障。同时，这一层次的保障有助于克服通货膨胀风险和难以预测的收入波动风险，保障劳动者实现最低限度的退休经济保障目标。

第三个层次：由企业建立的、国家予以税收等各项政策优惠的补充养老保险计划。它强调与就业相关联和提供补充退休收入保障，作为国家基本养老保险计划的补充，发挥日益重要的作用。

第四个层次：由劳动者个人和家庭建立的以自愿储蓄或其他方式建立的补充性退休收入保障计划。不同于许多发达国家的情形，鼓励发展这一保障层次的意义不只在于提供补充收入保障，而更在于它能弥补国家举办养老保险计划之不足，为一定规模的人群体提供某种程度的退休收入保障。

5.1.4 强制储蓄的养老保险模式

强制储蓄的养老保险模式是指通过建立个人退休账户的方式积累养老保险基金，当劳动者达到法定退休年龄时，将个人账户积累的基金、利息及其他投资收入、一次性或逐月发还本人作为养老保险金。国家通过有关社会保险法，规定个人、企业按收入的一定比例存入职工的个人退休账户，由专门机构负责基金管理和投资营运，因而它是一种强制储蓄性养老保险模式。强制储蓄的养老保险模式中，新加坡中央公积金制度和智利商业化管理的个人账户是其典型代表。

1. 新加坡模式的基本特点

新加坡的中央公积金制度是由政府实施的一项旨在保障和改善人民生活，促进社会安定，有利于经济发展的强制性储蓄制度。它建立于1955年7月，其初始目的在于解决大企业工薪阶层以外的绝大多数中小企业雇员的养老保障问题。新加坡的《中央公积金法》规定，任何一个雇员，每月必须按工资的一定比例上缴雇员公积金。2015年雇员的缴纳费率为20%，雇主的缴纳费率为17%。公积金全部存入中央公积金局，并记入雇员的个人账户之中。当雇员到55岁退休，或丧失工作能力以及死亡时，可连本带息一次性提取。为保护会员利益，防止通货膨胀影响，公积金利率将每年以市场利率为基础进行调整，并规定比同期通货膨胀率高2%左右，以保证公积金不贬值。

随着经济发展，中央公积金制度的功能逐渐从老年经济保障的单一功能向多功能扩展。自1968年起，使用公积金实施的"居者有其屋"计划取得了突出成就。20世纪70年代末期，公积金的使用范围进一步扩大，它的功能开始扩展到以公积金养老、购房、用以支付医疗费、购买私人住宅、投资股票、为子女支付高校费用等范围。

新加坡模式的基本特点可简述如下：

（1）强调劳动者的自我积累、自我保障意识。通过建立个人账户的方式使会员缴费与退休待遇之间具有十分密切的内在经济联系，极大地增强了该模式的内在动力。在众多工业化国家和发展中国家的养老保险制度面临严重财务危机和对日趋严峻的老龄化挑战一愁莫展时，新加坡模式却显耀出其旺盛的生命力。

（2）实行由劳动者个人、企业共同负担养老保险费用的原则。根据经济发展状况，不断调整缴费比例，避免了国家大包大揽格局和养老保险费用支出过度膨胀的弊端。

（3）以养老保险为龙头，带动其他经济保障计划的顺利实现。新加坡模式在建立健全储蓄养老计划的同时，相继建立起医疗保险计划、投资教育计划等各项经济保障计划，促进了各项社会政策目标的顺利实现。

（4）政府以适当方式进行宏观调控，确保公积金计划顺利实施。这种干预，不仅体现为制定有关法令法规，以确保计划的强制性，还表现为对公积金局的管理实行正确引导；还表现为对公积金计划长期稳定运行的利率机制进行调整，使公积金利率水平保持在6.5%左右，并能适当高于同期通货膨胀率。此外，政府提供的税收优惠承担最后担保作用，是该模式运行的重要条件。不同于其他国家的传统养老保险制度，新加坡模式强调劳动者个人生命周期的收入再分配。通过强制储蓄的方式，将劳动者青壮年时期的收入积累引导至退休后使用，但比较忽略劳动者之间及劳动者代际之间的收入再分配。这一特性有其积极的一面，尤其是人口老龄化背景下代际冲突日趋尖锐。当然，它在社会共济方面存在缺陷，若无其他措施，则难以实现对低收入劳动者的基本经济保障。

2. 智利模式的基本特点

所谓智利模式，其实是指智利实行的由个人缴费、个人所有、完全积累、私人机构运营的养老金私有化模式。它作为世界上有影响力的养老保险制度改革举措，确实是对传统社会保障制度的根本性变革，其典型性和代表性是毋庸置疑的。智利模式的基本内容，是以个人资本为基础，实行完全的个人账户制（包括基本个人账户和补充个人账户，前者是指个人要将其纳税收入的10%作为自己的养老金投入，后者则是指在前者基础上为将来得到更多养老金而进行更多储蓄所设立的补充个人账户），并由相互竞争的私人养老基金管理公司负责经营管理，保险费完全由个人缴纳，雇主不需要承担供款义务。当职工达到法定退休年龄后，通过不同方式领取退休养老金，如购买年金保险或从个人账户上逐月支取。智利在养老金制度方面的改革，从根本上改变了传统的养老社会保险模式，并且确实取得了令人瞩目的一些成就，从而成为世界各国关注的对象。

智利模式的特点及成功之处可以简要概括如下：

（1）智利模式强调劳动者自我积累、自我保障原则。建立起个人退休账户式养老保险制度，使劳动者个人缴费与其退休时领取的退休待遇建立起直接的联系，既有助于调动劳动者的生产积极性，增进养老保险制度的效率机制，又在一定程度上克服了传统模式下国家企业大包大揽社会保障责任的弊端，从机制上制约了社会保险高福利发展的势头。

（2）体现了社会公平与效率相兼顾的原则。一方面通过个人退休账户强调激励与效率机制，另一方通过国家补贴的方式帮助无法实现最低限度生活保障的劳动者获得体现社会公平原则的最低养老保障待遇水平，改变了原有体制下多数人缴费而少数特权阶层享受的严重社会不公平的弊端。通过独特的方式较好地兼顾了社会公平与效率原则。

（3）智利模式高度重视强化养老保险基金管理，并从立法、运行机制及监控体系等方面确保基金的有效营运和保值增值。智利是世界上最先推行将社会保险计划按私营或商业经营方式管理的国家。突出表现为：①专人专户，一家公司负责一项基金计划，以实现基金运行的简化、透明，并强化监督管理作用；②将养老保险基金的营运纳入法制化、规范化和制度化的轨道，通过规定最低准备金、年金基金资产的投资限额，并将相互竞争公司的投资营运限制在一定幅度内，以维持养老保险基金的总体平衡；③建立有效的监控体系和制定严格的投资规则，以确保基金营运的安全性和盈利性。智利自新模式运行以来，获得了较高的投资收益，并保持了财务机制的稳定，而这恰恰是众多发展中国家各类保险模式面临的最难解决的问题。

（4）强调政府职责，确保养老保险目标的最终实现。智利模式的另一个成功经验就是高度重视政府的干预与调节作用，具体表现在：①通过立法，规范指导商业经营性年金基金公司的运作；②由政府保证实现对低收入劳动者的最低限度保障及对公司营运的最后担保；③政府干预帮助实现新旧模式的顺利转轨。需要指出，由传统的现收现付向个人退休账户模式转化，在任何国家都须妥善解决原有体制下未决责任的吸收消化和明确新模式的费用负担这一高难度问题。智利率先通过发行认购退休债券的方式由政府承担部分原有体制下的未决债务，使新旧模式的转换成为可能。从而为其他国家提供了有益的经验。

5.2 养老保险给付

5.2.1 养老保险给付结构

1. 养老保险给付结构的内涵

养老保险给付结构是指通过特定的技术机制、计算公式及法律规定确定的养老保险给付方式和给付水平。对国家基本养老保险制度而言，养老保险金的给付结构直接受到养老保险模式的选择、基本保障目标的确定以及若干经济变量的影响。

2. 养老保险给付结构的内容

一般而言，养老保险给付结构涉及以下几个基本内容：

（1）给付范围与程度。养老保险给付范围与程度是养老保险给付结构的基本内容。通常根据不同的养老保险模式与保障目标确定不同的给付范围与给付程度。例如，在普遍保障的养老保险模式下，保险金的给付范围包括全体国民，给付程度在于提供均一的低水平养老金，而与领取者实际收入无关。在收入关联养老保险模式下，保险金给付范围和程度直接取决于保险覆盖面、劳动者收入水平、缴费期限等诸多因素，一般呈现与收入状况的密切联系。

（2）收入再分配与效率因素。养老保险给付结构因体现收入再分配和效率机制的不同而有差异甚大的构造。养老保险制度强调不同收入者通过养老保险计划，实现某种程度的收入再分配是不少国家养老保险给付结构的基本内容。它体现了社会公平原则，使劳动者能够获得基本收入保障。养老保险给付结构的另一个类型是更多地体现劳动者自我积累、自我保障的效率机制，强调养老保险的效率机制，促进经济的较快发展。近年来，各国在构造养老保险给付结构时，注意体现公平与效率的结合，即通过社会平均养老金和工资挂钩养老金的不同组合形式，兼顾不同的政策目标。

（3）给付公式设计。养老保险给付结构一般是通过特定的养老保险金计算公式直观地表现出来。养老保险给付公式的设计，涉及收入状况、收入替代率、就业期限、缴费期限、基金积累与投资运营等因素。养老保险给付公式可归结为三种类型：一是强调收入再分配的收入关联型给付公式，二是强调效率机制的个人账户型给付公式，三是兼容型给付公式。

收入关联型给付公式的设计一般包括劳动者收入水平、就业期限、缴费年限收入替代率及调节系数等基本要素，侧重体现收入关联和收入再分配特征，是劳动者根据其退休前平均收入水平和实际缴费年限计算基本养老金。这一类型给付公式的设计强调不同收入水平、就业期限与收入替代率的直接关联。

个人账户型给付公式设计一般包括个人账户积累的数额和基金的投资收益水平，计算过程较为简单，具有较高的透明度，容易获得社会公众的理解。以个人账户储存及积累形式表现的保险金给付公式强调缴费与待遇的某种直接关联，强调基金投资运营的重要作用，而较少体现收入再分配的特征。

兼容型给付公式设计一般包括两大基本部分，即体现收入再分配特性的社会性养老金与体现收入直接或间接关联的保险金。前者不论劳动者收入状况、缴费多少均获得均一水平的社会性养老金；后者则可以通过收入关联养老金给付机制，或通过个人账户积累的给付机制，为劳动者提供体现某种差异的养老保险给付水平。兼容型给付公式无疑是一种较为理想的给付公式，但在具体运行中较为复杂，有相当大的难度。

5.2.2 养老保险给付项目

养老保险待遇主要是退休金，此外尚有医疗、生活补贴、死亡丧葬与抚恤等项目。

不同层次的养老保险在待遇给付上有所差别。基本养老保险层次的待遇给付主要是为了维持被保险人的基本生活需要。因此很多国家的基本养老金都是采用绝对金额方式确定给付标准的，与劳动者在职期间的工资收入无直接联系。凡条件相同者，退休后均按相同绝对额计付养老金，标准由政府统一制定，不同经济发展水平的地区可以有一定的差别。

补充养老保险层次的待遇给付主要是为了体现劳动者个人在投保期间对保险基金的贡献，因此均与劳动者在职期间的工资收入挂钩，以此确定给付标准。关于工资基数的确定有四种做法：一是以在职最后一年工资收入为计发基数，计发百分比随工龄增长；二是以退休前若干年中连续收入最高的 3~5 年的平均工资收入为基数，计发百分比随工龄或缴费年限的提高增加；三是以全部在职期间平均工资收入为基数，计发百分比随缴费年限增加；四是规定工资基数上限和下限，在此之间，按计发百分比累退方式确定，即收入基数越高，计发百分比越低，反之则越高。

个人储蓄型养老保障也可以称为公积金式的养老保险，一般均实行强制性的个人养老金账户方式，以劳动者全部在业期间储蓄的本息之和为计发基数，按照退休劳动者平均余命逐年计发，也可以实行一次性给付。

5.2.3 养老保险给付资格的确定

养老保险待遇给付的资格条件上，有退休年龄以及缴纳保险费年限和数额等几个方面的规定。

1. 年龄条件

正确确定退休年龄可以保证劳动者在年老而丧失工作能力时及时退出劳动市场，同时能够得到及时、有效的基本生活保障；退休年龄的规定还直接影响劳动力市场的规模、数量与质量。如果退休年龄规定得过低，可能迫使一部分尚有劳动能力者过早退出劳动领域，从而失去大批有丰富经验的劳动者，同时又要为这些并非真正年老丧失劳动能力的人提供保险费用，从而增加了社会负担；如果退休年龄规定得过高，将有可能使相当数量的劳动者在丧失劳动能力后仍不得不参加社会经济活动，还会影响到新成长劳动力的就业，不利于劳动队伍的正常更替。

退休年龄的确定要考虑多个方面的因素：

第一，人口的平均预期寿命。平均寿命长者，退休年龄较晚；反之亦然。

第二，经济活动人口的老龄化程度，即在一个国家，40~59 岁的经济活动人口占总经济活动人口（16~59 岁）的比例，凡经济活动人口老龄化程度提高者，劳动力资源供应趋于紧张，因此退休年龄相对推迟；反之则可提早。

第三，劳动适龄人口的就业率。就业率较高者，表明劳动力供求关系平稳，就业岗位较充裕，甚至求大于供，退休年龄相对较晚；反之则相对较早。

第四，劳动者平均受教育年限。平均受教育年限的延长是社会发展的普遍规律。由于在教育上的投资增加，成本上升，因此就业年限会有所延长，退休年龄相对延迟。

第五，社会劳动生产率的变化。当其他条件不变时，劳动生产率的提高会使退休保险得到比较充足的经费来源，退休年龄提前。

第六，职业的性质。不同职业对人的身体健康影响和要求会有较大区别，由此在某些特定的职业或劳动环境下，就业的劳动者的退休年龄应有特别规定，实行弹性退休制度。例如，从事井下、高温、高空、特别繁重体力劳动及其他危害身体健康工作的劳动者，可以提前3~5年退休，而某些具有特别经验且职业特别需要这种经验的劳动者（如技术型劳动者）可适当推迟退休。

从发展变化趋势来看，世界各国的法定退休年龄变化趋向于延迟。这是因为，最近几十年来，世界人口平均寿命大大延长，人口出生率趋于降低，人口老龄化日益严重，经济活动人口比例下降，劳动起始年龄上升。例如，日本在20世纪初建立退休保险时，人口平均寿命为50岁；而到了20世纪80年代中期，日本已经成为发达国家中的长寿国，平均寿命达到75岁，因此退休年龄也相应推迟。

2. 工龄或缴费年限条件

退休工龄或个人缴费年限的确定，直接体现着劳动者权利与义务的对应关系。退休年龄只是决定退休保险待遇的一般条件，而退休工龄或缴费年限才是决定该种待遇高低的主要条件。退休工龄或缴费年限的确定与养老保险的筹资模式有关。在现收现付模式下，退休工龄或缴费年限的标准取决于养老保险基金的整体负担能力，负担能力强者，工龄或缴费年限较低，反之则较高。基金积累模式下，因为必须要实行个人缴费及个人账户制度，所以退休工龄或缴费年限主要取决于退休劳动者平均寿命、工资增长率、费率等各种因素。

退休工龄或缴费年限的确定还要考虑保险金保障基本生活的程度，即养老金的工资替代率（养老金占在职劳动者平均工资收入的百分比）的高低。在每缴费一年给付的百分比不变时，替代率越高者，退休工龄或缴费年限的起点就越高；反之，则较低。

退休工龄或缴费年限确定的方式主要有四种：

（1）只对工龄（或累计工作年限）做出规定，符合起码工龄者即可领受一基本数额，退休待遇随工龄的增加而相应提高。

（2）只对缴纳保险费的年限做出规定，符合起码缴费年限者，即有资格领受一基本数额，在此基础上，待遇随缴费年限的增长而提高。

（3）同时对工龄和缴费年限做出规定，同时符合这两个方面条件者才能领取全额养老保险金。

（4）无工龄或缴费年限规定，只要达到法定退休年龄，即可一次性或分期领取养老保险金。此方式仅见于实行公积金式的强制储蓄养老保险制度。

5.2.4　养老保险金指数调节机制

由于老年社会保险的目的在于保障老年人的基本生活，同时分享社会经济发展的成果，而社会经济发展却是动态的。经验表明，在经济发展过程中，通货膨胀、物价上涨和收入波动是不可避免的，因此如何调整老年保险金，以便在动态的经济环境中，保证老年人的实际生活水平不至于降低，就成为社会保险的一项重要任务。

自20世纪70年代以来，西方各工业化国家养老保险制度发展的一个重要特点是普遍建立起养老保险金各种调节机制，以克服通货膨胀产生的不利影响。由于各国情况有异，在选择养老调节机制的基准时各国有着较大的差异，主要有四个：物价指数、工资指数、物价指数与工资指数的结合、生活费用指数。各国根据本国的国情和政策实施，分别选择其中一基准，调整养老金的给付。

上述四种调整基准的各有优缺点，下面对此进行简单分析。

1. 物价指数基准

实行养老年金与零售物价指数结合进行调整的好处是透明度高，比较直观，容易被退休者接受。而且，从长远看，零售物价指数增长幅度较小，不会因与其挂钩过多地增加费用负担；但是，在经济转型国家，物价增长幅度可能偏大，完全挂钩后会导致养老保险费用在短期内猛然增加，造成沉重负担。

2. 生活费用价格指数基准

实行养老年金与职工生活费用价格指数结合的好处是能够真正保障退休人员的整体生活水平。但从各国的实践经验看，这个参数较高，与此挂钩增加费用太多，负担困难。尤其在我国目前的消费结构和消费水平发生较大变化的情况下，生活费用价格指数的增长幅度将会很大。

3. 社会平均工资增长指数基准

实行养老年金与社会平均工资增长指数结的好处是透明度高，增长指数相对稳定，比较规范。在正常情况下，它既包含了物价的增长因素，又有社会发展的成分，而且与经济效益的增长同步，与在职职工的整体收入水平协调一致。但在一般情况下，社会平均工资的增长高于物价的增长，与其结合后养老保险费用会增加过快。

4. 物价指数与工资指数相结合基准

以物价指数与工资指数相结合作为调整养老金的基准，集中了物价指数基准与工资增长指数的优点，这种双重调整机制使养老金受益者的利益获得较好的保护。但这种相结合的调整基准，操作起来较为复杂，特别是在物价指数和工资指数变化较大的情况下，调整难以适应变化了的情况。

5.3 人口老龄化与养老保险

目前世界人口老龄化的进程不可逆转，人口的老龄化意味着在职劳动者的增速低于退休劳动者的增速，它对国家的养老保险制度提出了巨大的挑战。如何在人口老龄化程度加深的情况下，不仅保持经济良好的发展势头，还要保障退休劳动者的生活权益，这对于世界上任何一个国家都是亟待解决的问题。

5.3.1 人口老龄化

1. 人口老龄化

人口老龄化是指一个国家或地区的人口年龄中，总人口中因年轻人口数量减少、年长人口数量增加而导致的老年人口比例相应增长的动态过程和现象。

（1）人口老龄化趋势。

用于衡量人口老龄化程度的一系列指标，通常用到的有以下几种：

第一，老年人口比例，也称老年系数，指 60 岁或 65 岁及以上老年人口占总人口的百分比。在实际使用中，最为广泛使用的指标是联合国的划分方法，以 65 岁及以上老年人口占总人口的比例在 7% 以上的为老年型人口。在发展中国家中，多采用 60 岁为老年人口的年龄起点，60 岁及以上老年人口占总人口的比例在 10% 以上为老年型人口。

第二，人口年龄中位数。年龄中位数的上升或下降可以清楚地反映总人口中年龄较长的人口所占比例的变动情况，它是度量人口年龄结构的常用指标，也是衡量人口老龄化的基本指标之一。如果人口年龄中位数提高了，人口一般出现老龄化；反之则出现人口年轻化。按照《人口学方法与资料》的划分法，年龄中位数低于 20 岁为年轻型人口，在 30 岁以上是老年型人口，介于两者之间是成年型人口。

第三，老少比，即老年人口与少儿人口数之比。在以 60 岁为老年人口年龄起点的情况下，老少比等于 60 岁及以上人口数除以 0~14 岁少儿人口数的值。老少比低于 15% 的人口为年轻型人口，高于 30% 的人口为老年型人口，介于两者之间的是成年型人口。

第四，按 65 岁和 65 岁以上人口占总人口比例，再结合老少比、年龄中位数和少儿人口占总人口比例，对人口进行类型划分，是最科学的分类方法。按照这种方法，少儿人口占总人口比例在 30% 以下，老年人口占总人口比例在 10% 及 10% 以上，老少比在 30% 以上以及年龄中位数在 30 岁以上的人口，被视为老年型人口，如表 5.1 所示。

表 5.1　　　　　　　　　　　　　　老年型人口数据

65 岁及以上人口占总人口的比例	0~14 岁人口占总人口比例	老少比	年龄中位数
10% 及以上	30% 以下	30% 以下	30 岁以上

资料来源：侯文若. 全球人口趋势［M］. 北京：世界知识出版社，1998：313.

目前，全世界 60 岁以上老年人口总数已达 6 亿，有 60 多个国家的老年人口达到或超过人口总数的 10%，相继进入人口老龄化社会行列。按照 60 岁以上人口占总人口的 7% 计算，当前，全世界人口属于老年型的国家大多数集中在发达地区，其中老龄化程度最高的是欧洲国家和日本。表 5.2 是 2025 年部分国家的老年人口比例。

表 5.2　　　　　　　　　　　　　2025 年部分国家的老年人口比例

国家	65 岁及以上老年人口比例（%）
日本	23.8
卢森堡	22.5
英国	18.6
加拿大	16.7

资料来源：日本大学研究所 1996 年预测数据。

2. 人口老龄化与赡养比

人口老龄化已经成为全球性的人口发展趋势。目前，世界上所有发达国家的人口年龄结构都已经转变为老年型人口，许多发展中国家正在或即将转变为老年型人口。赡养比（老年赡养比）是指100名劳动年龄人口供养的老年人口数量。计算公式为：

赡养比 = 老年人口数量 ÷ 劳动年龄人口 × 100%

赡养比的高低直接体现了老年人口与适龄的劳动年龄人口的相对比例，这意味着在总人口一定的情况下，平均一个劳动年龄人口所必须负担的老年人口的数量。

人口进入老龄化的过程中，伴随着人口预期寿命的增加和人口出生率的降低，赡养比会日益升高，从而给养老保险的财务平衡带来压力。按照国际标准，65岁及以上人口占总人口比例达到7%时社会进入老龄化阶段；当比例达到14%时社会进入深度老龄化阶段，老龄人口赡养比约为1：5，即5个适龄劳动人口负担1个老年人口；当占比达到20%时，社会进入超度老龄化阶段，此时赡养比可能为1：2，即2个适龄劳动人口负担1个老年人。如表5.3所示。

表5.3　　　　　　　　　世界主要国家人口老龄化进度表　　　　　　　　单位：年

	进入老龄化（7%）	发展所需时间	深度老龄化（11%）	老年人口赡养比1：5	发展所需时间	超级老龄化（20%）
美国	1950	40	1990	1990	35	2025
英国	1950	25	1975	1970	35	2010
德国	1950	25	1975	1965	30	2005
法国	1950	40	1990	1970	15	2005
澳大利亚	1950	45	1995	1990	25	2020
加拿大	1950	45	1995	1990	20	2015
日本	1970	25	1995	1990	5	2000
中国	1995	25	2020	2020	15	2035
世界	1990	45	2035	2025	10	2045
发达国家	1950	40	1990	1990	20	2010
最不发达国家	2040	40	2080	2070	20	2100

资料来源：杨燕绥，闫俊，刘方涛. 中国延税型养老储蓄政策的路径选择［J］. 武汉金融，2012（8）：8-11.

从世界主要国家人口老龄化进度表可以看出，发达国家较早进入老龄化社会，大约在1950年，而我国是在20世纪末进入，大约晚了40年。但是从进入深度老龄化社会的时间看，发达国家所需时间为25~45年，而我国只需要25年就可以达到，这个时间与日本的时间相同，也就是说，大约在2020年，我国的老龄人口的赡养比会达到1：5。随着老龄化程度的加深，我国将会在2035年进入超级老龄化社会，而这个发展时间（15年）将会短于发达国家由深度老龄化进入超级老龄化的普遍时间（15~35年），日本除外。

　　由于老龄化是不可逆转的客观趋势，在不同老龄化程度的国家，赡养比的提高会给养老保险制度带来巨大压力。

5.3.2　中国人口老龄化及其特点

　　我国在 21 世纪初就进入了人口老龄化时代。我国现有的老龄人口已经超过 1.6 亿，且每年以近 800 万的速度增加。有关专家预计，到 2050 年，我国老龄人口将达到总人口的三分之一。目前我国的退休人口与劳动年龄人口的比例约为 19：100，到 2050 年则会高达 64：100。这意味着届时每 100 个劳动力将必须供养 64 个退休人口。按照我国现行 60 岁的退休年龄计算，2013 年劳动力拐点凸显，劳动年龄人口将达到峰值，随后开始进入退休潮，届时社会养老保障体系将面临严峻的挑战。

　　从表 5.4 可以看出，自 1999 年我国开始步入老龄化阶段以来，我国人口老龄化程度不断加深。根据国家统计局 2011 年 4 月 18 日发布的《2010 年第六次全国人口普查主要数据公报》，2010 年 11 月 1 日，65 岁及以上的人口占总人口的比重达到 8.87%，与 2000 年第五次全国人口普查相比，65 岁及以上人口的比重上升了 1.91%。可以看出，我国已经迈入了老龄化社会，老龄化程度不断加深。

表 5.4　　　　　中国 65 岁以上人口数占总人口的比重（2001—2010 年）

年份	总人口 （万人）	65 岁及以上人口数 （万人）	65 岁以上人口数比重 （%）
2001	127 627	9 062	7.1
2002	128 453	9 377	7.3
2003	129 227	9 692	7.5
2004	129 988	9 857	7.6
2005	130 756	10 055	7.7
2006	131 448	10 419	7.9
2007	132 129	10 636	8.1
2008	132 820	10 956	8.3
2009	133 450	11 307	8.5
2010	134 091	11 893	8.9

资料来源：中华人民共和国国家统计局. 中国统计年鉴［M］. 中国统计出版社，2011.

　　与其他国家相比，我国人口老龄化主要体现为以下几个特点。

　　1. 老年人口规模巨大

　　2015 年，我国 60 岁以上人口升至 2.2 亿人，占总人口比重为 16.1%，预计 2026 年将达到 3 亿人，2037 年将超过 4 亿人，2051 年达到最大值，之后会一直维持在 3 亿人到 4 亿人的规模。根据联合国相关部门预测，21 世纪上半叶，我国一直是世界上老年人最多的国家，占世界老年人口总量的 1/9，21 世纪下半叶我国仍将是仅次于印度的第二老年人口大国。

2. 老龄化发展迅速

20 世纪后期，为控制人口的急剧增长，国家推行控制人口规模的计划生育政策，使得人口出生率迅速下降，加快了我国人口老龄化的进程。65 岁及以上老年人口占总人口的比例从 7% 提高到 14%，发达国家用了约 50 年的时间，而我国只需要 25 年就完成了这个过程，并且在今后一个很长的时期内都保持着很高的增长速度。

3. 人口老龄化的高龄特征突出

我国 80 岁及以上的高龄老人占 65 岁及以上总体老年人口的比例将从 1990 年的 12.2% 增加到 2020 年的 19.10% 与 2050 年的 34.6%。80 岁及以上高龄老人比例以大约等于 65 岁及以上老年人口增长速度的两倍超高速增长，达到 1 300 万，占老年人口总数的 12.25%。目前，老年人口中女性比男性多出 464 万人，2049 年将达到峰值，多出 2 645 万人。21 世纪下半叶，多出的女性老年人口基本稳定在 1 700 万~1 900 万人，其中，50%~70% 都是 80 岁及以上年龄段的高龄女性人口。

4. 人口老龄化的地区发展不平衡

我国人口的老龄化发展具有明显的区域发展不平衡特征，东部沿海经济发达地区明显快于中西部经济欠发达地区。上海是最早进入人口老年型行列的，是在 1979 年；宁夏是最晚进入老年型行列的，是在 2012 年，两者比较，时间跨度是 33 年。由于人口迁移的影响，我国农村老人的比例高于城镇，相当一部分欠发达省区的老人比例高于全国平均水平。由于大量的农村劳动力流向城镇，改变了城乡人口的年龄结构，使得农村人口老龄化水平明显高于城市。

5. 人口老龄化超前于现代化发展

我国的人口老龄化超前于现代化，呈现出未富先老的特征。发达国家进入老龄社会时人均国内生产总值一般都在 5 000~10 000 美元，而中国目前应对人口老龄化的经济实力还很薄弱。

5.3.3 人口老龄化对养老保险的挑战

人口老龄化是人类社会发展到一定阶段的产物。随着经济发展，人口出生率的下降和医疗水平的提高使得中国的人口老龄化速度加快。高龄老人比重大、抚养比例增大等问题都对我国现有的养老保险制度造成了冲击。

1. 赡养比上升和制度供养人数增加造成筹资模式发生改变

人口老龄化的迅速发展带来的直接后果就是老年人占总人口的比重在不断攀升，也就是说在养老保险制度内领取养老保险金的人数开始不断增加，而为养老保险制度缴费的人数增速变慢或者不变，甚至减少。这种模式对于现收现付制的养老保险制度模式来讲最为突出。人口老龄化的加重，往往会造成养老保险基金入不敷出的局面。目前我国是社会统筹加个人账户相结合的部分积累模式，虽然人口老龄化的冲击小于现收现付模式，但也同样面临了一定的收支风险。由于我国在改革前一直实行现收现付制模式，在制度转换时形成了巨大的历史隐性债务。因此，在人口老龄化的背景下，我国的养老保险制度面临着旧债新账的双重压力。

2. 预期寿命增加，制度给付年限延长

随着社会经济的发展，医疗水平不断提高，人均寿命越来越长，这也意味着人均预期寿命的增加，人均领取养老金的年限也越来越长，需要给付的养老保险基金也越来越多。根据我国的养老金计发办法，社会统筹部分需要从公共账户中支取，而个人账户中的积累额支付也必须由公共基金来承担，因此领取养老金时间周期的延长将会对养老保险基金的收支平衡构成威胁，这是整体人口老龄化和老龄人口内部结构老化所带来的必然结果。根据第六次全国人口普查详细汇总资料计算，2010 年我国人均预期寿命达到 74.83 岁，比 10 年前增加了 3.43 岁。其中，在我国人口预期寿命不断提高的过程中，女性的提高速度快于男性，并且两者之差进一步扩大，这与其他国家平均预期寿命的变化规律一致。因此，人均预期寿命的提高，对于养老保险制度的偿付能力是严峻的考验。

3. 经济的不断发展造成养老费用的刚性增长

作为创造社会财富的劳动者有权利分享经济社会发展成果。随着经济的发展，生活质量和生活水平有了不同程度的提高。同时，老年人在退休以后的生活质量和水平同样也离不开养老金水平的提高。这就要求养老金水平必须与经济发展和现实的生活水平同步。尽管这样做保障了民众的基本权益，但是制度内离退休费用攀升所导致的养老金标准的不断提高也为养老保险基金的财务平衡带来了一定的挑战。

5.4　补充养老保险概述

5.4.1　补充养老保险的构成及其特征

在欧美国家，许多已存在的企业补充养老保险计划一般被称为养老金计划，在我国则被称为企业年金。可以概括为三种基本形式，即以强调纳费为特征的缴费型补充养老金计划（DC 型养老金计划），以强调保险金待遇给付为特征的给付型补充养老金计划（DB 型养老金计划），两种计划的混合型——混合养老金计划（Hybrid Plan）。在具体实施中，这三类计划存在较大程度的差异。

1. 缴费型补充养老金计划

缴费型补充养老金计划是通过企业建立养老保险账户的方式，由企业和职工（多数计划仅指企业）定期按一定比例缴纳保险费，职工退休时的补充养老保险金水平取决于资金积累规模及其投资收入，它侧重于评价企业退休账户上的现有资金规模。

该计划的基本特征在于：①简便易行，有较高的透明度。②缴费水平一般规定为企业职工收入的一定比例，并根据企业经营与收入状况做适当调整。③企业与职工缴纳的保险费均免于征税，投资收入予以减免税优惠。④职工退休时可获得一次性保险金给付或用于购买商业性年金保险。⑤企业职工承担有关投资风险，企业在原则上不负担超过定期缴费以外的保险金给付义务。⑥该计划属于完全基金型年金保险计划。

2. 给付型补充养老金计划

区别于缴费型补充养老金计划，给付型补充养老金计划侧重于职工退休时将能领取的保险金给付水平。它一般决定于职工特定的收入水平和劳动就业年限两个基本因素，如某一百分比的退休前收入水平与劳动年限之积，构成补充退休金的给付水准。

给付型补充养老金计划的基本特征在于：①这类计划在实施中具有一定难度。②通过确定一定的收入替代率，以保障职工获得补充性退休收入。③通常与社会保险计划的保险金给付结构具有非常密切的联系，并往往根据社会保险金的给付水平确定补充保险金的给付水平。④保险基金的积累规模和水平将随工资增长幅度进行调整。⑤企业承担因无法预测的社会经济变化引起的收入波动风险。

3. 混合型模式

在私营养老金发展的历史上，当 DB 模式受到挑战的时候，人们开始选择了 DC 模式；当 DC 模式受到质疑的时候，人们开始结合这两种模式，形成了混合型的养老金模式，即混合型养老计划（Hybrid Plan）。混合型模式基本吸取了两者的优点，让雇主和雇员都能够得到公平的对待，也体现了其风险分担机制。因此，当人们在寻找一种能符合雇主和雇员两方面需求的养老金计划的时候，混合养老金的出现正好满足了人们的要求，并且近些年来，参与混合型养老金计划的人数越来越多，其所占比例在不断增加（如表 5.5 所示）。

表 5.5　　　　　　　2010 年世界混合养老金计划所占比例情况 （%）

国家	DC 计划	DB 计划	混合计划
智利	100	0	0
捷克	100	0	0
希腊	100	0	0
斯洛伐克	100	0	0
丹麦	94.1	5.9	0
意大利	90	10	0
澳大利亚	89.4	10.6	0
墨西哥	84.1	15.9	0
新西兰	73	27	0
土耳其	46.5	54	0
美国	39	61	0
韩国	17.6	82.4	0
冰岛	9.9	25.3	64.8
葡萄牙	6.4	92.2	1.4
加拿大	3	92	5
芬兰	0	100	0

国家	DC 计划	DB 计划	混合计划
挪威	0	100	0
德国	0	100	0

5.4.2　补充养老保险的保障范围

区别于社会保障制度较为广泛的保障范围，补充养老保险的覆盖面由于种种因素较为狭窄。即便在社会保障制度十分完善的一些工业化国家，补充养老保险的保障面除瑞典、瑞士、法国等少数几个国家达到80%~90%外，其余国家均在50%以下。有些国家如奥地利、意大利的保障面在10%以下。补充养老金计划保障面普遍狭窄的主要原因在于，这些国家社会保障制度的保障面较高，并且在战后普遍实行高福利的社会政策，补充养老金计划的发展受到不同程度的限制。不仅如此，补充养老金计划的保障范围主要指向大中型企业、新兴发展产业及高薪阶层的职工，而一般小企业、服务行业等收入较低者大都未在保障之列。

值得注意的是，20世纪80年代中期以来，一些工业化国家为寻求解决社会保障制度由来已久的危机，开始注重大力发展补充养老金计划并将其视为抑制社会保障支出过度膨胀、扩展社会保障空间和应付日趋严重的老龄化挑战的重要政策主张。在此背景下，补充养老保险的保障有了较大幅度的扩展。其中法国、瑞士的扩展程度在20%以上，荷兰在9%以上。虽然美国的扩展程度仅占3%，但其各类补充养老金计划的数量增长很快，在1975—1986年间增长了156%。瑞士于1985年率先推行多层次社会保障制度，强制实施企业补充养老金计划（第二层次保障），使其作为国家老年保障总体计划的重要组成部分。

5.4.3　补充养老保险金的给付结构

补充养老保险金的给付结构在很大程度上取决于实行何种类型的保险计划。如前所述，缴费型补充养老金计划的保险金给付水平最终受制于积累基金的规模和基金的投资收入。并且，它大多表现为一次性地购买商业年金保险或按一定的标准逐月支取。给付型补充养老金计划的保险金给付则取决于两个基本因素，即退休前职工的收入水平和就业年限。

给付型补充养老金计划的保险金给付公式又区分为单位保险金给付公式和均一保险金给付公式。单位保险金给付的做法是职工退休前收入的一定百分比（如1%~1.5%）与就业年限的乘积；职工退休前收入的计算基数可以按就业期间的平均收入计算，亦可按退休前3~5年的平均收入计算。由于受工资、价格和通货膨胀等因素的影响，以职工退休前平均收入为计算基数的较为普遍。均一保险金给付公式是指职工退休时可领取特定金额的补充养老保险金，如按职工退休的收入的20%~40%确定。只要职工达到最低10~15年（如美国）的服务年限，即可按此标准领取退休保险金，而不论具体就业单位和服务类别。需要指出，无论采取何种给付方式，补充保险金的标准往往与社会保险的给付结构相联系，尤其是给付型补充养老金计划，大都根据特定时期社会保险金的结付水平，调高或降低补充保险金的给付标准，提供一定程度的退休收入保障。

5.4.4　补充养老保险的财务机制

许多国家的经验表明，补充养老金计划的财务机制一般有两种基本形式，即现收现付和各种类型的基金制。

1. 现收现付

现收现付是指出企业或工业行业实行的旨在实现短期财务收支平衡，并根据未来一定时期保险金给付及指数调节情况进行调整的财务收支计划。

2. 基金制

基金制主要采取以下几种方式：

（1）统筹基金制，即规定企业按统一费率提留或缴纳保险基金，由有关机构统一调配和支付养老保险金。统筹基金制的作用在于保障中小企业的补充养老金计划得以正常运行。

（2）全基金制，即规定预提积累的保险基金应足以支付未来特定水平的养老保险金给付，多见于以单一企业为基础建立的保险计划和典型的缴费型补充养老金计划。

（3）部分基金制，即保险金的提留和积累旨在实现最低水平的补充保险金给付的目标。

（4）簿记准备金制，即在企业内部建立的一种特殊的年金基金形式，它是在企业财务收支平衡表上反映和提留的部分养老保险责任准备金。但实际上，积累的基金作为企业的一项重要投资收入来源，企业在职工退休时，将对职工提供一定程度的补充退休收入。一般情况下，保险计划的部分负债准备金应参加保险市场的再保险计划，这在德国是非常普及的较为特殊的年金基金形式。

3. 资金筹集

企业补充养老金计划的经费来源主要由企业负担，有些国家规定个人须缴纳少量的保险费，费用负担的比例视企业的实际情形而定。除企业经营状况的好坏以外，决定补充养老金计划资金积累规模的一个不容忽视的重要因素是税收方面的优惠，即对企业和个人缴纳的保险费（包括投资效益）予以减免税。事实上，如果将企业缴纳的保险费视为一笔延期税收的话，无疑将极大地促进补充养老金计划的发展；相反，则可能限制其健康发展。这已被许多国家发展补充养老金计划的经验所充分证明。此外，高度重视保险基金的投资，有效处置通货膨胀对补充养老金计划的不利影响，也是保证其财务稳定应考虑的重要因素。需要指出，补充养老金计划财务机制绝非简单意味着保险费的收缴与保险基金聚集，更重要的是如何实现有效的投资营运与管理以及有效地处置通货膨胀风险，这是关系能否实现其保障目标的关键环节之一。因而，在构造补充养老金计划时还应引起高度重视。

5.4.5 政府对补充养老保险的调节与干预

如同国家在社会保险及其他包括商业保险在内的各种保险计划中扮演重要的角色一样，在补充养老保险中，存在狭窄的保障面、各类计划之间缺乏协调、巨额基金的投资及十分有限的通货膨胀调节能力等问题，更需政府的调节与干预。

第一，政府在法令法规方面的重要作用。一般而言，补充养老保险在法令的强制性方面远不及社会保险，在许多方面也与商业人寿保险公司不同。但通常却是国家通过有关专门立法，决定采取强制性或自愿性计划，确定其所应达到的目标保障面，明确与社会保险计划的关系，制定补充养老金计划运行的基本规则、投资规则及管理规则等。20 世纪 70 年代以来，欧美发达国家的补充养老金计划处于活跃阶段，政府在促进并规范这一计划中发挥了重要作用。

第二，政府在财务运行机制方面的作用。补充养老保险的运行机制在很多方面类似于商业人寿保险公司，因而在这一领域政府对财务机制的干预显得尤为重要，具体表现为对资产负债的监督管理，对预算平衡的技术监督，对资金投资营运的监督、指导和管理。强调政府干预的意义在于，一方面，保护职工的经济利益，不致因该计划资金的无效营运或企业倒闭受到影响。为达到此目的，有些国家还以立法形式保证最低退休收入或通过政府特殊保险计划分散有关风险。另一方面，有助于监督企业合理地管理、营运补充养老金计划，恰当地利用税收优惠政策，实现而不是偏离既定目标。

第三，合理界定政府的责任。许多国家补充养老保险发展的经验表明，税收政策方面的优惠对刺激其发展具有特殊重要的意义。实际上，实行优惠税收政策亦表明政府在补充养老金计划中承担的部分责任，因为这一举措意味着财政收入在某种程度上有所减少。当然，对其实行税收优惠的程度，取决于各种因素，尤其是协调发展社会保险与其他保障形式的关系以及各国社会保险提供保障程度和未来发展趋势、补充养老保险能发挥作用的限度及发展潜力等。因此，税收优惠政策是政府干预的重要表现。

第四，政府干预与处置通货膨胀。如前所述，由于技术机制及其他方面的原因，如何抵御通货膨胀的影响，对补充养老金而言仍是一大难题。较好的形式可能是实行某种程度的政府干预，或者通过政府的影响力促使社会公众了解通货膨胀对补充养老金计划的负效应及其影响程度，从而采取某些措施进行补贴；或者发行部分与指数关联的债券，以适当减轻通货膨胀的影响，达到某种程度的资金保值效应。对此，英国和加拿大推行的政府干预下的局部指数调节机制，已引起其他国家的广泛重视。

5.5 中国养老保险制度

我国现行的城镇养老保险制度分为企业职工养老保险制度和机关事业单位养老保险制度。其中企业职工养老保险制度经过多次调整后日趋成熟，而机关事业单位养老保险制度也进行了改革。农村养老保险制度和城镇居民社会养老保险制度近些年开始施行，并统筹为城乡居民基本养老保险制度，完成了对城乡所有居民养老保险的全覆盖。

5.5.1 中国城镇企业职工养老保险制度

1. 发展历程

1997 年 7 月 16 日，国务院颁布了《关于建立统一的企业职工基本养老金保险制度的决定》（以下简称《决定》），这个文件的发布，标志着我国现行的"社会统筹+个人账户"的养老保险模式的确立，从而是中国养老保险制度改革进程中的重要事件。《决定》做到了三个统一：一是统一了缴费的比例，二是统一了个人账户的规模，三是统一了基本养老保险的待遇标准。

2005 年 12 月 3 日，国务院发布了《关于完善企业职工基本养老保险制度的决定》，对当前和今后建立起适合我国国情、实现可持续发展的基本养老保险制度进行了全面改革的规定。首先，在养老金计发办法改革中，采取新人新办法、老人老办法、中人逐步过渡的方式。基础性养老金享受比例与缴费年限挂钩，计发基数也与本人历年缴费工资挂钩，使过去基础退休金与缴费年限无关，实行统一享受比例和统一工资基数的平均主义有所改变。其次，个人账户养老金改变以往与退休年龄无关的政策，统一为 1/120 的支取比例的做法，根据退休年龄，按实际余命计算，保证退休较晚的领取比例较高。通过这两项调整，使基本养老保险的激励约束机制得到增强，"多工作、多缴费、多得养老金"，权利与义务对应关系更加合理，并从机制上控制了提前退休和少报少缴养老保险费的问题。

2. 制度主要内容

目前，我国企业职工养老保险制度采取的是保障方式多层次、基金来源多渠道，社会统筹与个人账户相结合的统账模式。

（1）覆盖范围。

覆盖范围主要包括各类城镇企业、实行企业化管理的事业单位、民办非企业单位（以下简称企业）和与之建立劳动关系的法定退休年龄内的劳动者（以下简称职工），法定退休年龄内的城镇个体工商户及其雇工，城镇自由职业者、城镇灵活就业人员（以下简称个体参保人员），法律、法规规定的其他单位和人员。

（2）基金筹集。

企业职工基本养老保险费由企业和职工共同缴纳，个体参保人员的基本养老保险费由本人缴纳。企业缴纳基本养老保险费，把全部职工缴费工资总和作为缴费基数，缴费比例为 20%，计入社会统筹账户，建立社会统筹基金。

职工个人缴纳基本养老保险费，把个人上月工资作为缴费基数，缴费比例为 8%。职工本人上月工资超过上一年度省在岗职工月平均工资 300% 的部分，不计入缴费基数。职工本人上月工资低于上一年度省在岗月平均工资 60% 的，按 60% 计算缴费基数。社会保险经办机构按照国家质量技术监督部门发布的社会保障号码（国家标准GB11643-89），为参加企业职工基本养老保险的职工和个体参保人员建立基本养老保险个人账户（以下简称个人账户）。个人账户储存额按规定的记账利率每年计算一次利息，所计利息并入个人账户储存额。

（3）待遇计发

基本养老保险待遇包括基本养老金、丧葬补助费、一次性抚恤金。

基本养老金中的基础养老金、过渡性养老金、调节金由社会统筹基金支付；个人账户养老金由个人账户存储额支付，个人账户存储额不足支付的，在社会统筹基金中列支。

相关计算公式：

基本养老金＝基础养老金＋个人账户养老金

基础养老金＝（参保人员退休时上一年省在岗职工月平均工资＋本人指数化月平均缴费工资）÷2×累计缴费年限×1%

本人指数化月平均缴费工资＝参保人员退休时上一年省在岗职工月平均工资×本人平均缴费工资指数

个人账户养老金＝退休时个人账户储存额÷本人退休年龄相对应的计发月数

注：累计缴费年限中包含视同缴费年限，下同。

5.5.2　机关事业单位养老保险制度

1. 发展历程

1955 年 12 月，国务院发布了《关于颁发国家机关工作人员退休、退职、病假期间待遇等暂行办法和计算工作年限暂行规定的命令》（国秘字第 245 号），用来处理国家机关职工退休、退职、病假期间和计算工作年限等问题。1958 年 2 月，国务院公布施行《关于工人、职员退休处理的暂行规定》，其范围包括国营、公私合营企业、事业单位和国家机关、人民团体的工人、职员，内容包括退休年龄、工龄、退休待遇等。1996 年 12 月，国务院办公厅下发了《关于印发机关、事业单位工资制度改革三个实施办法的通知》（国办发〔1993〕185 号），原人事部下发了《关于印发机关毕业单位工资制度改革实施中若干问题的规定的通知》，结合公务员制度和工资制度改革，对国家机关、事业单位职工的退休养老制度进行了较大的修改和调整。2008 年 2 月，时任国务院总理的温家宝主持召开国务院常务会议，研究部署事业单位工作人员养老保险制度改革试点工作，会议讨论并原则通过了《事业单位工作人员养老保险制度改革试点方案》，确定在山西、上海、浙江、广东、重庆 5 省市选项开展试点，与事业单位分类改革配套推进。2015 年 1 月 14 日，国务院发布《关于机关事业单位工作人员养老保险制度改革的决定》规定，实行社会统筹与个人账户相结合的基本养老保险制度，改革基本养老金计发办法，实现与企业职工基本养老保险制度并轨运行。

2. 主要内容

自 20 世纪 90 年代初开始，我国开始对机关、事业单位养老保险制度实行改革，经过十多年的探索和实践，虽然仍处于试点阶段，但仍积累了不少宝贵经验，就制度本身达成了一些共识，其主要内容可以概括为以下几个方面：

第一，制度模式。实行社会统筹加个人账户的统账结合模式。

第二，覆盖范围。包括全部机关事业单位工作人员，事业单位包括财政补助、财政适当补助和自收自支三大类。

第三，资金来源。基本养老保险费由单位和个人共同承担。其中，单位按工作人员工资总额的一定比例缴纳（20%），个人按本人月工资总额的一定比例缴纳（8%）。

第四，养老金计发办法。《关于机关事业单位工作人员养老保险制度改革的决定》规定基本养老金由基础养老金和个人账户养老金组成。退休时的基础养老金月标准以当地上年度在岗职工月平均工资和本人指数化月平均缴费工资的平均值为基数，缴费每满1年发给1%。个人账户养老金月标准为个人账户储存额除以计发月数，计发月数根据本人退休时城镇人口平均预期寿命、本人退休年龄、利息等因素确定。职业年金与基本养老保险制度同步建立，在优化保障体系结构的同时保持待遇水平总体不降低。

5.5.3　农村养老保险制度

我国在20世纪80年代就开始探索建立农村社会保障制度。随着社会主义市场经济的建立和计划生育政策的实施，在当前工业化和城镇化进程不断加速的现实背景下，农村家庭养老模式面临前所未有的挑战，如农村剩余劳动力不断流出、家庭核心化、老年负担系数不断增大等。

1. 发展历程

1992年，民政部颁发《县级农村社会养老保险基本方案（试行）》（以下简称《基本方案》），标志着我国农村社会养老保险制度（老农保）开始建立。确定了以县为单位开展农村社会养老保险的方针。

2007年8月17日，劳动和社会保障部、民政部、审计署联合颁布《关于做好农村社会养老保险和被征地农民社会保障工作重要问题的通知》，要求各地方积极推进新型农村社会养老保险试点工作，选择在一些城镇化进程较快、地方财政状况较好，政府和集体有经济能力对农民参保给予一定财政支持的地方展开试点，按照"保基本、广覆盖、能转移、可持续"的原则，以多种方式推进新型农村养老保险制度建设。为加快建立覆盖城乡居民的社会保障体系，解决广大农村居民老有所养的问题，2009年9月，国务院出台了《关于开展新型农村社会养老保险试点的指导意见》，规定从2009年起开展新型农村社会养老保险（以下简称新农保）试点。

2. 新农保的主要内容

2010年10月，第十一届全国人民代表大会常务委员会第十七次会议通过的《中华人民共和国社会保险法》规定"国家建立和完善新型农村社会养老保险制度"，明确提出"新型农村社会养老保险实行个人缴费、集体补助和政府补贴相结合"，这从较高层次上确认了新农保的法律地位及政府对新农保的财政责任。

新型农村养老保险制度是国家为每个新农保参保人建立终身记录的养老保险个人账户。个人缴费、集体补助及其他经济组织、社会公益组织、个人对参保人缴费的资助，地方政府对参保人的缴费补贴，全部记入个人账户。个人账户存储额目前参考中国人民银行公布的金融机构人民币一年期存款利率计息。新农保基金纳入社会保障基金财政专户，实行收支两条线管理，单独记账、核算，按有关规定实现保值增值。试点阶段，新农保基金暂实行县级管理，随着试点的不断扩大和推开，逐步提高管理层次。有条件的地方也可以直接实行省级管理。年满16周岁（不含在校学生）、未参加城镇职工基本养老保险的农村居民，可以在户籍地自愿参加新农保。

第一，资金筹集。个人缴费分 12 档，地方补贴每年至少 30 元，并且每年上调补助额。根据这份指导意见，新农保基金由个人缴费、集体补助、政府补贴构成。

在个人缴费方面，参加新农保的农村居民应当按规定缴纳养老保险费。缴费标准目前设为每年 100 元、200 元、300 元、400 元、500 元、600 元、700 元、800 元、900元、1 000 元、1 100 元、1 200 元 12 个档次，地方可以根据实际情况增设缴费档次。参保人自主选择档次缴费，多缴多得。国家依据农村居民人均纯收入增长等情况适时调整缴费档次。

在集体补助方面，有条件的村集体应当对参保人缴费给予补助。补助标准由村民委员会召开村民会议民主确定。鼓励其他经济组织、社会公益组织、个人为参保人缴费提供资助。在政府补贴方面，政府对符合领取条件的参保人全额支付新农保基础养老金，其中中央财政对中西部地区按中央确定的基础养老金标准给予全额补助，对东部地区给予 50% 的补助。地方政府应当对参保人缴费给予补贴，补贴标准不低于每人每年 30 元；对选择较高档次标准缴费的，可以给予适当鼓励，具体标准和办法由省（区、市）人民政府确定。对农村重度残疾人等缴费困难群体，地方政府为其代缴部分或全部最低标准的养老保险费。

第二，养老金待遇。养老金支付终身，计发标准与城镇职工相同。根据这份指导意见，养老金待遇由基础养老金和个人账户养老金组成，支付终身。中央确定的基础养老金标准为每人每月 55 元，并不定期调整。地方政府可以根据实际情况提高基础养老金标准，对于长期缴费的农村居民，可以适当加发基础养老金，提高和加发部分的资金由地方政府支出。个人账户养老金的月计发标准为个人账户全部存储额除以 139（与现行城镇职工基本养老保险个人账户养老金计发系数相同）。参保人死亡，除政府补贴外，个人账户中的资金余额可以依法继承；政府补贴余额用于继续支付其他参保人的养老金。

第三，养老金领取。新农保制度实施时已满 60 周岁，不用缴费可以领取基础养老金。年满 60 周岁、未享受城镇职工基本养老保险待遇的农村户籍的老年人，可以按月领取养老金。新农保制度实施时，已年满 60 周岁、未享受城镇职工基本养老保险待遇的，不用缴费，可以按月领取基础养老金，但其符合参保条件的子女应当参保缴费；距领取年龄不足 15 年的，应按年缴费，也允许补缴，累计缴费不超过 15 年；距领取年龄超过 15 年的，应按年缴费，累计缴费不少于 15 年。这份指导意见同时指出，要引导中青年农民积极参保，长期缴费，长缴多得。具体办法由省（区、市）人民政府规定。

5.5.4　城镇居民社会养老保险

2011 年 6 月，国务院发布《关于开展城镇居民社会养老保险试点的指导意见》（国发〔2011〕18 号），决定从 2011 年 7 月 1 日启动城镇居民养老保险试点工作，首批试点确立的覆盖面就达 60%，目标是到 2012 年基本实现城镇居民养老保险制度全覆盖。城镇居民社会养老保险制度的建立标志着我国基本养老保险制度全覆盖，对于实现人人享有基本养老保险，促进社会和谐，具有重大意义。

　　城镇居民社会养老保险的试点工作坚持"保基本、广覆盖、有弹性、可持续"的原则。一是从城镇居民的实际情况出发，低水平起步，筹资标准和待遇标准要与经济发展及各方面承受能力相适应；二是个人（家庭）和政府合理分担责任，权利与义务相对应；三是政府主导和居民自愿相结合，引导城镇居民普遍参保；四是中央确定基本原则和主要政策，地方制定具体办法，城镇居民养老保险实行属地管理。其主要内容有：

　　第一，参保范围。年满16周岁（不含在校学生）、不符合职工基本养老保险参保条件的城镇非从业居民，均可以在户籍地自愿参加城镇居民养老保险。

　　第二，基金筹集。实行社会统筹与个人账户相结合的制度模式。城镇居民养老保险基金主要由个人缴费和政府补贴构成。其中，个人缴费部分规定，参加城镇居民养老保险的城镇居民应当按规定缴纳养老保险费。缴费标准目前设为每年100元、200元、300元、400元、500元、600元、700元、800元、900元、1 000元10个档次，地方人民政府可以根据实际情况增设缴费档次。参保人自主选择档次缴费，多缴多得。国家依据经济发展和城镇居民人均可支配收入增长等情况适时调整缴费档次。政府补贴规定，政府对符合待遇领取条件的参保人全额支付城镇居民养老保险基础养老金。其中，中央财政对中西部地区按中央确定的基础养老金标准给予全额补助，对东部地区给予50%的补助。地方人民政府应对参保人员缴费给予补贴，补贴标准不低于每人每年30元；对选择较高档次标准缴费的，可以给予适当鼓励，具体标准和办法由省（区、市）人民政府确定。对城镇重度残疾人等缴费困难群体，地方人民政府为其代缴部分或全部最低标准的养老保险费。

　　第三，建立个人账户。国家为每个参保人员建立终身记录的养老保险个人账户。个人缴费、地方人民政府对参保人的缴费补贴及其他来源的缴费资助，全部记入个人账户。目前，个人账户储存额每年参考中国人民银行公布的金融机构人民币一年期存款利率计息。

　　第四，养老金待遇。养老金待遇由基础养老金和个人账户养老金构成，支付终身。中央确定的基础养老金标准为每人每月55元。地方人民政府可以根据实际情况提高基础养老金标准。对于长期缴费的城镇居民，可以适当加发基础养老金，提高和加发部分的资金由地方人民政府支出。个人账户养老金的月计发标准为个人账户储存额除以139（与现行职工基本养老保险及新农保个人账户养老金计发系数相同）。参保人员死亡，除政府补贴外，个人账户中的资金余额可以依法继承；政府补贴余额用于继续支付其他参保人的养老金。

　　第五，养老金待遇领取条件。参加城镇居民养老保险的城镇居民，年满60周岁，可以按月领取养老金。城镇居民养老保险制度实施时，已年满60周岁，未享受职工基本养老保险待遇以及国家规定的其他养老待遇的，不用缴费，可以按月领取基础养老金；距领取年龄不足15年的，应按年缴费，也允许补缴，累计缴费不超过15年；距领取年龄超过15年的，应按年缴费，累计缴费不少于15年。要引导城镇居民积极参保、长期缴费，长缴多得；引导城镇居民养老保险待遇领取人员的子女按规定参保缴费，具体办法由省（区、市）人民政府规定。

第六，与相关制度的衔接。有条件的地方，城镇居民养老保险应与新农保合并实施。其他地方应积极创造条件将两项制度合并实施。城镇居民养老保险与职工基本养老保险等其他养老保险制度的衔接办法，由人力资源社会保障部会同财政部制定。要妥善做好城镇居民养老保险制度与城镇居民最低生活保障、社会优抚等政策制度的配套衔接工作，具体办法由人力资源社会保障部、财政部会同相关部门研究制定。

2011 年国家人力资源和社会保障事业发展统计公报显示，截至 2011 年年末，全国有 27 个省、自治区的 1 902 个县（市、区、旗）和 4 个直辖市部分区县及新疆生产建设兵团开展国家城镇居民社会养老保险试点。2011 年年末城镇居民社会养老保险试点地区参保 539 万人，其中实际领取养老保险金 235 万人。全年城镇居民社会养老保险基金收入 40 亿元，其中个人缴费 6 亿元，基金支出 11 亿元，基金累计结存 32 亿元。

5.5.5 中国养老保险制度改革的思路与建议

1. 挑战与问题

（1）人口老年负担率不断上升。

在人口老龄化日趋严重的情况下，基本养老保险体系的负担呈现逐年上升趋势，领取养老金的退休人员数与在职职工数量从 1990 年的 18.6% 上升到 2010 年的 32.5%，相当于从每 5.4 个职工养 1 位退休人员变为每 3 个职工养一位退休人员。老年负担率（老年人口除以劳动年龄人口）逐年增加，65 岁以上人口占 15～64 岁人口的比重从 1950 年的 7% 增加到 2010 年的 11%。中国当前的生育率已经处于较低水平，总和生育率为 1.6 左右，低于替代生育率。中国未来人口负担率的上升不可避免，主要表现为老年负担率的提高。

（2）城镇养老保险的参与激励不足。

尽管社会保险是一项强制性的制度，但在实践中，企业逃避社会保险费的现象是当前各国尤其是发展中国家社会保险制度面临的一个重要问题。中国也不例外，从企业层面看，首先，缴费会增加企业用工成本。中国的缴费率比世界大多数国家都要高，五项社会保险企业缴费率合计为 29%～37%，员工缴费率为 12%，最低按社会平均工资的 60% 缴费，最高缴费基数不超过社会平均工资的 3 倍。企业可以通过以下几种方式减少社会保险缴费：①不去相关部门注册登记企业或其员工；②以临时工、家庭成员等身份雇佣员工；③延迟缴纳社会保险；④降低名义工资水平来降低实际缴费压力。

从员工角度来看，有些员工也不愿意参保，主要为两类人：一类是收入较低、就业不稳定的群体；另一类是年纪较轻的群体。对他们而言，一方面，缴费率较高，当前迫切需要的消费无法满足；另一方面，未来能否获得社保待遇的不确定性比较大。在企业和员工意愿达成一致的情况下，欠费就更加有内在的激励。地方政府对欠费行为惩罚力度不够也是一个不可忽视的原因。长期以来，地方政府以经济增长为主要目标，有些地方政府采取多种优惠政策减免企业税费，对社保缴费管理不严也就不难理解。

（3）养老保险基金的运行收益率较低。

截至 2010 年年底，城镇养老保险基金结余 1.54 万亿元，新农保基金结余 423 亿元，企业年金结余 2 809 亿元①，加上中国社会保障基金（NSSF）权益资产为 7 809.18 亿元②，中国目前需投资运营的养老基金总资产达 2.87 万亿元。《基本养老保险基金投资管理办法》出台以前，中国对于养老保险基金投资的监管比 NSSF 投资严格，养老保险基金仅仅限于购买理财专户和国债。NSSF 则可投资于多种渠道，包括银行存款（不低于 10%）、国债（比例不得低于 50%）、企业债（不高于 10%）、金融债（不高于 10%）、证券投资基金（不高于 40%）和股票（不得高于 40%），甚至有少部分社保基金投资于国外风投基金等各项金融资产。从资金运用的收益看，截至 2009 年，基本养老基金名义收益率不到 2%，同期 CPI 为 2.2%。相比之下，全国社保基金（NSSF）的投资收益则要高得多，2000—2016 年全国社保基金年化平均收益率为 8.4%。

基本养老保险基金投资收益较低，按目前的收益率，如果无额外资金补贴，则无法获得预期的养老保险待遇。随着城居保和新农保个人账户的逐步积累，资金运用和收益问题越来越突出。如果收益率达不到预期收益，一方面对未来的基金平衡造成巨大压力，另一方面会使得养老保险制度的吸引力大打折扣。

（4）养老待遇差异缺乏公平性。

各种类型养老保险待遇方面存在明显的差异，尤其是机关和事业单位的养老金明显高于企业，平均养老金是企业的 1.45~1.83 倍，养老金对工资的替代率是企业的 1.5 倍左右。从 20 世纪 90 年代中期城镇基本养老金改革以来，二者差距就已形成。近 10 年来，企业、机关、事业单位养老金替代率总体上均呈下降趋势，相对机关和事业单位，企业养老金替代率虽然下降幅度略小，但各年的替代率均低于机关和事业单位。2008 年机关和事业单位的替代率平均为 65%~67%，而企业为 47%。

2. 未来的改革思路

（1）提高老年劳动参与率。

劳动力规模不仅取决于人口年龄结构，还受劳动参与率的影响。2000 年第五次全国人口普查资料显示，分性别、分年龄的劳动参与率显示，劳动参与率最高的年龄组在 29~45 岁，男性为 97%、女性为 87%；男性 60 岁以后、女性 55 岁以后的劳动参与率显著下降。2000 年以来，劳动参与率下降的趋势更加明显，到 2005 年城市劳动参与率为 62.5%。中国 50~54 岁的劳动参与率比大多数国家都要低，城镇的 50~54 岁的劳动参与率低于 60%，低于 OECD 国家近 20 个百分点（如表 5.6 所示）。这一状况与中国较低的退休年龄有关（女性为 55 岁，男性为 60 岁）。

从政策角度看，延长退休年龄在一定时期内是应对老年负担率上升的一种十分有效的政策工具。延长退休年龄在中国事实上已经具有一定的可行性，现实中享受养老保险待遇的离退休人员被再次返聘的情况并不在少数。一方面，退休人员若仍然有继续工作的意愿，其人力资本仍然满足劳动力市场的需求，延长退休年龄对雇主和雇员都有好处；另一方面，返聘已经领取养老金的退休人员对于企业而言成本较低，却造

---

① 《2010 年人力资源和社会保障事业发展统计公报》。

② 《2010 年全国社保基金理事会基金年度报告》。全国社保基金（NSSF）成立于 2000 年，是应对未来基本养老保险债务的战略性储备基金。其资金来源主要是财政预算，国有企业 IPO 需将 10% 交给 NSSF。

成养老基金收入的漏损和养老基金支出的增加，因而延长法定退休年龄具有必要性。这一政策措施已经开始尝试，从 2010 年 10 月起，上海试行柔性退休制度，企业需要的各类人员可延迟退休①。

表 5.6 　　　　　　　　　　　分年龄段的劳动参与率比较 　　　　　　　　　单位:%

	50~54 岁	55~59 岁	60~64 岁	65 岁及以上		50~54 岁	55~59 岁	60~64 岁	65 岁及以上
中国	76.9	65.7	49.3	19.8	法国	78.8	54.6	14.4	1.1
中国男性	88.8	78.1	59.5	27.5	日本	80.6	73.9	52.6	19.4
中国女性	64.9	52.8	38.6	12.8	韩国	72.6	63.2	54.6	30.3
中国城镇	59.3	43.1	25.3	8.9	瑞典	84.3	79.5	59.6	10.1
中国农村	88.7	81.1	65.9	27.6	英国	79.9	69.0	43.2	6.8
中国香港	65.2	47.8	28.1	6.9	美国	79.9	69.0	53.2	6.8
中国台湾	62.1	44.0	30.9	7.4	上述 OECD 国家平均	77.9	69.8	51.0	14.9

资料来源：封进，何立新. 中国养老保险制度改革的政策选择——老龄化、城市化、全球化的视角［J］. 社会保障研究，2012（3）：29-41.

（2）提升劳动生产率。

改革养老保险制度的关键是提高劳动者的劳动生产率，从而提高产出。在产出不断增长时，年轻一代创造的财富和能够抚养的老年人口的比例就会增加，养老保险制度可以承受更高的负担率。产出及其增长是解决养老问题的根本所在。伴随着人口老龄化过程，中国的劳动生产率增长十分迅速，1991—2010 年年均劳动生产增长率为9.65%②。根据世界银行等机构的预测，未来随着经济增长速度放缓，中国劳动生产率增长速度也将下降，但仍然有可能保持较高的水平，预计 2011—2012 年平均可达8.3%，到 2026—2030 年仍可达 5.5%。这将提高有效劳动力的数量，抵消人口老龄化的不利影响。

未来劳动生产率的提高依赖于一些不可或缺的条件。首先，在人口老龄化下，今后进一步加大人力资本投资是必然选择。其次，未来劳动生产率的提高依赖于经济结构调整。农业的劳动生产率较低，未来将劳动力从农业进一步转移到非农产业仍然有较大的空间，表现为农业部门的就业比重下降，而服务业部门的就业比重会有很大提升。因此，进一步完善促进劳动力流动的政策是提高劳动生产率的不可忽视的内容。

（3）以城市化缓解老龄化的影响。

中国的城镇养老保险体系仅覆盖了不到 60% 的城镇就业人口，相当多的农村转移劳动力还没有被覆盖。截至 2010 年年末，全国参加基本养老保险的农民工为 3 284 万人，只占在城镇就业农民工的 21%。随着城市化进程，还将有更多的农村劳动力从事

---

① 上海规定延迟退休年龄男性一般不超过 65 周岁，女性一般不超过 60 周岁。
② 根据统计年鉴提供的 GDP 数据和就业人数计算劳动生产率，并计算年均增长率。

非农工作。保障农村转移劳动力的合理权益，一方面，将农村转移劳动力纳入社会保障体系是社会公平的必然要求。尽管有超过 2 亿的农村劳动力从事非农工作，但以户籍度量的城市化率在 2011 年只有 50%，未来破除户籍制度的障碍，让所有在城市务工的人员同等程度享受公共服务和社会保障是城市化的基本内容。

一方面，将农村转移劳动力纳入城镇社会保障体系可以增加缴费人数，而在一定时期内退休人数并不会随之增加，因而可以在较长时间内改变城镇养老保险体系的负担率，有利于城镇养老保险基金的平衡；另一方面，城市化也有利于农村养老保险待遇的提高。给予农村养老保险政府补贴也是世界各国普遍的做法。新农保的参与激励主要来源于政府补贴，当前新农保的保障程度较低，补贴力度较小。城市化过程将降低农村老年人口的绝对数量，政府补贴力度有可能提高。

（4）适当降低养老保险缴费率。

在经济全球化背景下，过高的社会保障水平对一国的国际竞争造成严重挑战，尤其对发展中国家而言，其国际竞争力主要来源于较低的劳动力成本优势，经济全球化更加需要控制福利水平。大量的研究认为，全球化下的竞争导致了福利水平的削弱，即为"趋于向下的竞争"（Race to Bottom）。在全球化进程中，中国的竞争力很大程度上来源于低成本劳动力，较高的社会保险水平还不能实现，执行成本也会较高，企业和地方政府甚至个人都将有激励逃避缴费。逐步降低缴费率是未来社会保险改革中必须正视的问题，世界劳工组织对缴费不足问题提出的首条建议即为降低缴费率。

随着经济增长方式的转变，人力资本的重要性会越来越显现，处于产业结构高端的企业更看重人力资本水平，给予员工较高程度的养老保障有助于劳动生产率的提高。此时在保证一个低水平社会保障的前提下，企业可以决定是否提供补充性的保险，如企业年金，以满足对社会保障较高的需求。

（5）促进养老保险制度的公平性。

首先，养老保险制度的公平性并非指待遇方面的统一，拥有平等的机会是最根本的公平。一方面，机关事业单位的养老金比企业高是历史遗留问题，企业职工养老金改革导致企业的养老金水平下降。对于养老金改革前参加工作的老人，应有专门的资金用于补偿其养老金损失；另一方面，公共部门的养老金水平和私人部门的养老金水平有所差异，公共部门养老金水平较高的主要原因是激励其在职期间廉洁奉公，以期退休后有较为丰厚的养老金。因此，如果劳动力市场是完善的，由市场决定个人的工资福利，则就是公平的。因此，养老金制度的公平还依赖于减少劳动力市场中的不公平。

（6）完善养老保险基金的治理结构。

养老基金运营需综合考虑保值性和风险性，资金的安全性应放在首位，否则将使老年保障暴露在巨大的投资风险之中，也就丧失了养老保险的功能。养老基金进入资本市场是大势所趋，养老保险基金的性质和社保基金有所不同，在理事会的治理结构上也会有所不同，现有企业年金基金的治理结构是一种参考。2015 年 8 月 23 日，国务院发布《基本养老保险基金投资管理办法》指出，养老基金实行中央集中运营、市场化投资运作，由省级政府将各地可投资的养老基金归集到省级社会保障专户，统一委托给国务院授权的养老基金管理机构进行投资运营。《基本养老保险基金投资管理办法》还指出，投资股票、股票基金、混合基金、股票型养老金产品的比例，合计不得高于养老基金资产净值的 30%；参与股指期货、国债期货交易，只能以套期保值为目的。

6 医疗保险

6.1 医疗保险概述

6.1.1 医疗保险的概念与特点

医疗保险是国家和社会为社会成员提供的用于患病、受伤、生育、年老的治疗费用及服务帮助的一种社会保险制度。由于当代许多国家医疗保险日益扩展，把预防保健也包括在内，因此医疗保险也称健康保险。医疗保险具有以下六个特点。

1. 保障对象的广泛性

医疗保险的保障对象比其他保障系统更广泛，原因在于影响健康的因素主要是疾病，它对每一个人来说都存在客观性和必然性，不论性别、年龄、贫富、地位，只要他（她）们患病，均需由国家或社会提供费用和医疗保障。而一个国家的公民的健康状况又是关系到这个国家繁荣昌盛的重大问题，因此，国家发展医疗保健事业，增进人民健康水平，不仅是一种社会责任，而且是改善全体人民物质文化生活的一项重要内容。

2. 保障内容的特殊性

一般的社会保险项目提供对社会成员的收入或生活方面的保障，而医疗保险却以社会劳动者的身体健康和疾病医疗作为特定的保障内容。

3. 与其他社会保险的关联性

任何社会保险项目的内容都与医疗保险的内容相互交织在一起，其他社会保险项目的运转均离不开医疗保障。有的社会保险项目甚至以医疗保险为基础。例如，生育、疾病社会保险本身就包括了医疗保障的内容。

4. 保障目的的专一性

医疗保险主要是以保障国民的身体健康为特定内容，它提供的手段和原则与其他社会保险项目有所不同，并不涉及被保险人的物质、精神生活水平等问题。

5. 被保险人的机会均等性

对于符合条件的每一个被保险人来说，享受医疗保险的机会和待遇是一律平等的。被保险人患病时，就医和用药都是依病情而定的，不受其他因素（收入状况、职业、地位）的限制和影响。

6. 保障手段的服务性

其他保险项目是以现金支付方式为社会成员提供生活保障的，而医疗保健则一般以提供医疗服务为主，包括为社会成员提供免费、低费或部分收费服务。收费标准因社会成员遭受风险的性质不同而有所区别：工伤的医疗保险带有经济补偿和抚恤的性质，其待遇应优厚一些；而疾病和非因公负伤的医疗保险则带有物质帮助和救济的性质，待遇相应低一些，患者本人还需分担部分费用。

6.1.2 医疗保险的基本原则

根据世界卫生组织和联合国儿童基金会联合发起的，于 1978 年在苏联阿拉木图召开的第一次医疗保健国际会议确定的原则，结合医疗保险的特征、性质，医疗保险的建立应遵循以下六条原则。

1. 扩大医疗保险的实施范围

实施范围应包括"被服务的居民参与"，医疗保险首先应在经济比较发达的国家和工业化过程较快的国家普及，而发展中国家视经济发展情况逐步开展，使所有的居民都可以认可和享受医疗保险制度。

2. 基本医疗保障水平和方式要与国家生产力发展水平以及各方承受能力相适应

最终建立医疗保险的可行性将取决于基础设施的存在及稳定性（包活人力和物力）、雇主、雇员和政府三方的支付能力以及实行医疗保险的管理能力。

3. 享受医疗保险待遇实行机会均等原则

凡被保险人符合享受医疗保险待遇的病情和用药，完全依据病伤情况来决定，不存在经济收入、职业、性别的限制和影响，均享受同一标准的医疗待遇。机会均等不能理解为平均主义，享受的前提条件是患病与伤残，更重要的是对弱者的保障，即对退休人员、因工残疾者、长期病号和危重病人的优先照顾。

4. 建立医疗保险基金的专款专用制度

无论采用何种形式筹集的医疗保险基金，必须确保用在患者的身上，不得挪为他用。因为医疗保险基金是直接用于处置疾病风险和提供医疗保健服务。为此，必须严格加强管理，遵守规章制度，切实体现"保证医疗、克服浪费、有利生产、节约开支"的原则。

5. 需要保险人缴费

医疗保险应当遵循"风险共同分担"的原则，原则上个人应该负担一部分费用，但不同的保险项目中因保险性质有所不同，应采取不同保险项目区别对待的原则。工伤保险本人不负担任何费用，但疾病保险和非因工负伤保险要求本人分担少量费用，以示区别。一般应采取互相帮助和政府补助的原则，即身体健康者与病弱者、年轻者与年老者、收入高者与收入低者的互相帮助，政府酌情补贴，这体现了保险的原理。

6. 把预防和医疗结合起来

医疗保险不仅仅是提供服务和费用补偿，还应把预防、保健及环境卫生等项目都包括进去。以预防为主，可以减轻疾病的发生，以减少医疗保险其余的负担。

6.1.3 医疗保险的产生与发展

18 世纪末 19 世纪初，民间性的社会保险在欧洲一些国家兴起，这种民间保险多半是在一种行业或者一个地区的基础上，由劳动者自愿组织的各种基金会、互助救济组织共同集资以偿付医药费用。但是，这些保险基金主要由被保险人本人支出，雇主与国家并不参与。

到了19世纪末20世纪初。这种自愿的民间保险逐渐转为社会保险。1883年德国政府颁布了《疾病保险法》。该法令规定，在各地建立疾病基金会，大部分经费由企业负担，职工只缴纳一部分保险费。后来，欧洲各国纷纷效法德国，建立社会保险制度。这种社会保险的主要内容是医疗保险。尽管在不同的国家，职工、企业和国家三方负担的保险基金份额不同，但是，医疗保险的共同原则是所筹集的保险基金全部处于国家的监督之下，国家还制定有关法律，以立法的形式强制实行。

1944年国际劳工组织在美国费城召开会议，发表了《费城宣言》，其中提出："要提供完备的医疗，扩大社会保障。"第二次世界大战以后，医疗保险的范围不断扩大。在卫生服务开支中，由社会医疗保险提供的资金所占比例不断增加。例如，20世纪70年代，联邦德国的医疗保险已经普及到全体居民的90%，由社会支付的医疗经费占医疗总支出的78%；日本相应地为95%和85%；法国为98%和76%；意大利为91%和87%；瑞典为98%和91%；瑞士为89%和70%。

随着社会化大生产的进一步发展，在医疗保险方面开始出现新的形式。有些国家的医疗费用由国家负担，实行全民免费医疗。例如，苏联所有医疗服务基本上是免费的，疾病患者只需支付门诊药费；英国政府于1960年通过国家保健法案，实行全民免费医疗，个人只付处方费，但病人到私立医院看病则需自费。

近些年来，有些国家又建立了一种新的医疗保险制度，即医疗银行和医疗储蓄制度。职工从工资中拿出一定比例的份额，存入医疗银行，患者从医疗银行的储蓄中支取医疗费用，国家也拨出一定经费给医疗银行作为机动经费。澳大利亚从1975年起以医疗银行制度代替原来的自愿保险法，征税额一般为个人收入的2.5%，病人在公立医院看病可报销费用的85%。

由自费医疗到互助合作医疗，再到医疗保险，再进一步形成内容更为广泛的现代医疗保险制度，这是生产社会化的客观要求。在个体和家庭式小生产占统治地位的情况下，劳动者的身体健康问题基本上是个人的事务，而在现代化大生产的情况下，劳动者的健康状况则是关系国家生产发展的重大问题。因为劳动力是生产过程中的首要因素，一个国家要发展社会生产力，开发新技术，首先需要高质量的、适合经济建设需要的劳动力，劳动者必须具有旺盛的精力和健康的体魄，才能使其聪明才智得到发挥，在各自的工作岗位上愉快地工作。

6.2　医疗保险制度

6.2.1　医疗保险的制度模式

医疗保险制度涉及医疗服务消费者、医疗服务提供者、医疗服务购买者（基金管理部门或政府有关部门）三个要素。三要素的不同联系方式形成不同的医疗保险模式。不同的联系方式主要通过不同的筹资方式和支付方式来体现。按医疗保险筹资渠道的不同，目前国际上常见的医疗保险制度主要有国家医疗保险、社会医疗保险、商业医疗保险、储蓄医疗保险和社区医疗保险五种模式。

1. 国家医疗保险模式

国家医疗保险又称国家医疗服务体系，由国家直接举办，强制参加，费用主要由国家负担，由国家财政预算直接提供。虽然有些国家的医疗费用是由国家、企业和被保险人三方负担，但国家负担绝大部分费用。在这种制度下，一般都由国家开办医院，医生及其医务人员的费用也由国家支付，基本上对患者实行免费医疗服务。英国等许多福利国家采用这种制度。

2. 社会医疗保险模式

医疗保险制度大都以立法的形式对医疗保险的各项内容做出规定，强制参加，费用主要由企业和被保险人负担，必要时由国家提供部分费用。在这种制度下，一般由企业或社会保险机构与医院签订合同，医院向企业或保险机构收取费用后对合同职工提供医疗服务。这是大多数发达国家和发展中国家实行的一种医疗保障方式，如法国、德国等。实行该模式的国家，也有其他医疗保险模式，如自愿医疗保险——主要为私人健康保险，一般都是高薪阶层参加。事实上，由于高收入者更为重视自身的健康，因此，在采用该模式的国家中，几乎所有的高收入者都会选择参加私人健康保险。

3. 商业医疗保险模式

这种医疗保险制度大多数是通过组织私营保险机构来解决医疗保障问题，自愿参加，采用商业化原则经营，费用由个人支付。例如，美国对在职雇员（包括联邦政府的文职人员）实行自愿医疗保险。

私人医疗保险的筹资来源主要是个人和企业。例如，美国的商业医疗保险有两种方式：一种方式是大工商企业、机关团体的职工，由雇主同保险公司签订合同，根据一定的条件为全体职工及其家属提供医疗保险；另一种方式是个人投保，除一般保险外，有多种多样的单项保险，如牙齿、眼睛、癌症保险等。这种投保方式缴纳的保险金不同，享受的医疗条件也不同。另外，社会保险中的补充医疗保险也是在自愿的基础上，通过投保者每月支付保险费筹资建立信托基金会。

在美国这样以私人医疗保险为主的国家，也有社会性的医疗保险。社会性的医疗保险主要是为特定人员如老人和收入低于贫困线以下的穷人等设置的。由美国政府举办的社会医疗保险包括老年医疗保险制度、医疗困难补助制度和少数民族免费医疗制度等。美国社会医疗保险的筹资渠道是国家强行征收工资税。

4. 储蓄医疗保险模式

按照这一模式，政府强制要求国民设立储蓄账户，医疗费用按照一定办法在该账户内开支。新加坡是采用医疗储蓄保险的典型国家。新加坡政府于1983年发表全民保健计划蓝皮书，从1983年7月起实行全民保健储蓄计划。此后，又建立了以自愿为基础的补充大病保险性质的健保双全计划及为贫困居民提供医疗救助的医疗基金计划。从此，其医疗保险制度由医疗储蓄保险、大病保险、穷人医疗保险三大部分组成。其中，医疗储蓄保险起主导作用，大病保险和穷人保险起辅助作用。这种三位一体的保险制度组成了一个医疗保障的安全网。

5. 社区医疗保险模式

社区医疗保险模式是指依靠社区力量，按照"风险共担、互助共济、自愿参加"原则，在社区范围内多方筹集资金，形成医疗保险基金，用来支付参保人及家庭的医疗、预防、保健等服务费用的一项综合医疗保健措施。中国的农村合作医疗制度和泰国的健康卡制度是社区医疗保险模式的代表。

社区医疗保险模式与社会医疗保险模式最大的区别体现在医疗保险基金的具体筹集方式上，另一个是自愿的，一个是强制的。目前，我国实行的新型农村合作医疗和城镇居民基本医疗保险实质上就是社区医疗保险模式的具体形式。

6.2.2　医疗保险基金的筹集

1. 医疗保险基金及其筹资来源

医疗保险的基金主要来自国家、企业和被保险人三方。但是，各国医疗保险制度类型不同，基金来源也有差异。实行国家医疗保险模式的国家，其基金主要来源于国家；而实行医疗社会保险的国家，基金主要为企业和雇主及被保险人缴纳的保险费、政府的补贴。实行商业性医疗保险和储蓄医疗保险的国家，其费用来自于个人。实行社区医疗保险的国家，其基金主要来源一般由政府引导，以高额补助方式吸引参保人自愿缴纳保险费，从而形成医疗保险基金。

从医疗保险的筹资方式来看，主要有现收现付制、基金积累制和混合制三种模式。现收现付制的特点是以支定收，当年筹集的资金用于应付当年的各种医疗给付和运行支出。基金积累制的特点是以收定支，即被保险人将来的保险金给付水平完全由基金积累所决定。混合制则是两者的结合，即在一定人群中进行横向积累，利用个人账户等进行纵向积累。目前大多数医疗保险基金的筹集方式以现收现付制为主。

2. 医疗保险基金的筹集原则

医疗保险基金的筹集原则是收支平衡原则，即在一定时期内，基金筹集的资金与需要支付的各项开支要维持平衡。利用收支平衡原则将所有的医疗及管理费用分摊给每个计划参加者就可以确定社会保险基金相应的筹资比例。

6.2.3　医疗保险的待遇项目

在医疗保险的待遇项目上，有两种类型：其一，一些国家只对劳动者即被保险人本人提供保险待遇；其二，一些国家同时对被保险人的直系亲属也提供这种待遇。各国医疗保险提供的具体待遇项目主要有以下五种。

第一，患者医疗服务。它包括门诊、检查、医治、用药、整容、住院等在内的各种医疗服务，是医疗保险的主要内容。国家用于医疗保险的费用，绝大部分包含在医疗服务里面，不仅包括病患者的诊断、医治、护理服务的现金和实物支出，还包括建立公立医院、购置医疗器械的投资以及医生的工资和医院日常办公开支。

第二，疾病津贴。它是指劳动者患病之后的生活费用，一般用现金形式给付，并与劳动者患病之前的工资水平相联系。

第三，病假。它是指劳动者领取疾病津贴期间享受病假待遇。

第四，被抚养家属补助。它是指向患病劳动者抚养的亲属给付必要数额的现金补助，其总的原则是低于疾病津贴。

第五，为被抚养者提供医疗服务。许多实施医疗保险的国家，除了向劳动者提供减免费用的医疗服务外，一股都还向其抚养的家属提供医疗服务。

6.2.4 医疗保险的待遇支付方式

医疗保险机构作为医疗保险服务付费人，对医疗服务机构的补偿方式是整个医疗保险机制正常运行的重要环节。医疗保险费用的支付方式分为后付制和预付制，前者按服务项目付费，后者有总额预付制、按服务单元付费、按人头付费、按病种付费等形式。

1. 按服务项目付费

按服务项目付费是最简捷的医保费用支付方式，也是运用较早、较广泛的支付方式，是医疗保险经办机构协议定向医院按服务项目支付费用的结算方式，属于后付制。

2. 总额预付制

由医保机构与定点医疗机构协商后确定某一定点医疗机构一年的总额预算（也可以是一季度的总预算）。医保机构在支付该定点医疗机构医疗费用时，不论实际医疗费用支出多少，都以这个预算数作为支付的最高限度，来强制性控制支付标准，而定点医疗机构必须对保险范围中的所有参保人员提供规定的医疗服务。

3. 按服务单元付费

医保机构按预先确定的住院日费用标准支付住院病人每日的费用，按预算规定的每次费用标准支付门诊病人费用。同一医院所有病人的每日住院或每次门诊费用支付都是相同、固定的，与每个病人每日或每次治疗的实际花费无关。

4. 按人头付费

按人头付费又称为平均定额付费。首先由医疗保险机构制定每一门诊人次或者每一住院人次的费用偿付标准，然后医疗保险机构根据医院实际提供的服务人次（门诊与住院人次）向医院支付医疗费用。这种付费方式也属于预付制的一种，医院的收入随着病人数的增加而增加。

5. 按病种付费

按病种付费又称为按疾病诊断分类定额预付制。根据国际疾病分类标准将住院病人的疾病按诊断分为若干组，分别对不同级别定价，按这种价格向医院一次性支付。

6.2.5 医疗保险的费用控制

从某种意义上来讲，现阶段许多国家和地区进行医疗保险制度改革的目的就是更好地进行费用控制。费用控制的方法可分为需方控制和供方控制两大类。

1. 需方控制

医疗费用的需方控制是指利用费用分担机制，增加消费者的费用意识和需求弹性，减少道德损害，限制不必要的需求。常见的费用分担形式有：

（1）起付线。起付线又叫免赔额，即被保险人报销医疗费用前，先自付一小部分费用，起付线以上的医疗费用才由医疗保险基金支付。在医疗保险中合理规定起付线可以抑制一部分人的服务需求，从而降低保险金的给付。

（2）支付限额。支付限额又叫封顶线，即限额以内的医疗费用由医疗保险基金支付，限额以外的由被保险人支付。这样做可以降低筹资比例，但不适合大病患者和重症患者。

（3）比例共付。比例共付是指保险机构对被保险人的医疗花费按一定的比例进行补偿，剩下的部分由被保险人自付，双方都承担一定比例的费用。一般认为，自付比例达到25%时，医疗服务需求明显降低。

2. 供方控制

医疗保险费用的结算方式是实施费用控制措施的重要手段，可在一定程度上调节和规范医疗服务供需双方的行为，形成医疗服务供给者、医疗服务需求者及医保基金经营者之间的制约关系。本书认为科学的复合式结算方式是以总额预付、弹性结算为基础，部分疾病按病种付费，根据定点医疗机构类别的不同，实行不同的医保费用结算办法。

对于社区医疗门诊，实行按人头付费的结算办法，即医疗保险机构根据医疗机构服务的人数和规定的收费标准，定期定额预先支付给医疗机构一笔费用，医疗机构或医生负责向这一人群提供合同规定范围内的医疗服务。对定点二级以上医疗机构实行以总额预付、弹性结算为基础，部分疾病按病种付费相结合的复合式结算办法。由于各种支付方式对医疗费用的控制都各有利弊，因此本书建议国家采取混合支付制度，从而达到既能较好控制医疗费用又能提高医疗服务水平的目的。从国内现状来看，可以采用以总额预付、弹性结算为基础，部分疾病按病种付费相结合的复合式结算办法。

6.3 中国医疗保险制度

6.3.1 中国医疗保险制度的发展历程

1. 公费医疗、劳保医疗制度及其改革

从新中国成立初期到改革开放前，我国实行的是高度集中的计划经济体制，并建立了与这一经济制度相适应的公费医疗制度和劳保医疗制度。

1952年，政务院发布《关于全国人民政府、党派、团体及所属事业单位的国家工作人员实行公费医疗预防的指示》规定，以国家机关、事业单位工作人员、革命伤残军人、高校学生为公费医疗对象。随后，卫生部和财政部等部门又先后颁布了一系列法规章，扩大了公费医疗制度覆盖的范围。公费医疗经费由各级政府财政预算拨款。

我国的医疗保险制度也是随着社会经济的发展而不断变化的。20 世纪 80 年代以来，随着经济的发展和改革外放的深入，特别是我国经济体制从计划经济向社会主义市场经济的逐步转型，传统的医疗保障制度日益显露出机制上的弊病，改革成为历史的必然。

1992 年，广东省深圳市在全国率先开展了职工医疗保险改革，从而拉开了对我国职工医疗保障制度进行根本性改革的序幕。党的十四届二中全会提出要在我国建立社会统筹和个人账户相结合的医疗保险制度。1992 年，国家体改委等四部委共同制定了《关于职工医疗保险改革的试点意见》，经国务院批准，在江苏省镇江市、江西省九江市进行试点。1996 年，国务院办公厅转发了国家体改委等四部委《关于职工医疗保障制度改革扩大试点的意见》，在 58 个城市进行了扩大试点。

1998 年，我国开始建立城镇职工基本医疗保险制度。为实现基本建立覆盖全体城镇居民医疗保障体系的目标，国务院决定，从 2007 年起开展城镇居民基本医疗保险试点。2007 年在有条件的省份选择 2～3 个城市启动试点，2008 年扩大试点，争取 2009 年试点城市超过 80%，2010 年在全国全面推开，逐步覆盖全体城镇非从业居民。

2. 农村合作医疗制度改革

农村合作医疗制度是我国农村医疗保障的主要内容，对保障广大农村医疗起了重要的作用。这种制度最早可以追溯到抗战时期，在毛泽东的倡导下，各种形式的合作社在延安应运而生，医药合作社也在这一大背景下诞生。

1979 年，卫生部、农业部、财政部等部委下发《农村合作医疗章程（试行草案）》，对合作医疗制度进行了规范。1980 年，全国农村约 90% 的行政村实行了合作医疗制度，合作医疗制度、合作社的保健站以及"赤脚队伍"成为解决中国广大农村缺医少药的三大法宝。国际卫生组织对经济不发达国家解决农村的卫生医疗的两种模式进行了评估：一种是印度采取的在城市建大医院辐射农村的模式，另一种是中国的合作医疗制度。结果证明，合作医疗制度是一种既经济又有效的办法，因而也得到了国际社会的肯定。

从 2003 年开始，本着多方筹资、农民自愿参加的原则，新型农村合作医疗的试点地区正在不断增加。试点地区的经验总结为将来新型农村合作医疗在全国的全面开展创造了坚实的理论与实践基础。截至 2004 年 12 月底，全国共有 310 个县参加了新型农村合作医疗，有 1 945 万户、6 899 万农民参加，参加率达到了 72.6%。2011 年 2 月 17 日，中国政府网发布了《医药卫生体制五项重点改革 2011 年度主要工作安排》，这份文件指出：2011 年，政府对新农合和城镇居民医保补助标准均由上一年的每人每年 120 元提高到 200 元，城镇居民医保、新农合政策范围内住院费用支付比例力争达 70%。

2009 年 3 月 17 日，中共中央、国务院向社会公布的《关于深化医药卫生体制改革的意见》提出"有效减轻居民就医费用负担，切实缓解'看病难、看病贵'"的近期目标以及"建立健全覆盖城乡居民的基本医疗卫生制度，为群众提供安全、有效、方便、价廉的医疗卫生服务"的长远目标。新医改的大幕由此拉开。

6.3.2 城镇职工基本医疗保险制度

1. 主要内容

（1）保障对象。城镇职工基本医疗保险制度保障对象指城镇所有用人单位，包括企业（国有企业、集体企业、外商投资企业、私营企业等）、机关、事业单位、社会团体、民办非企业单位及其职工，都要参加基本医疗保险。乡镇企业及其职工、城镇个体经济组织业主及其从业人员是否参加基本医疗保险，由各省、自治区、直辖市人民政府决定。

（2）基金筹集与给付。基本医疗保险费由用人单位和职工共同缴纳。用人单位缴费率应控制在职工工资总额的 6% 左右，职工缴费率一般为本人工资收入的 2%。随着经济发展，用人单位和职工缴费率可进行相应调整。

基本医疗保险基金由统筹基金和个人账户构成。职工个人缴纳的基本医疗保险费全部计入个人账户。用人单位缴纳的基本医疗保险费分为两部分，一部分用于建立统筹基金，另一部分划入个人账户。划入个人账户的比例一般为用人单位缴费的 30% 左右，具体比例由统筹地区根据个人账户的支付范围和职工年龄等因素确定。

统筹基金和个人账户要划定各自的支付范围，分别核算，不得互相挤占。要确定统筹基金的起付标准和最高支付限额，起付标准原则上控制在当地职工年平均工资的 10% 左右，最高支付限额原则上控制在当地职工年平均工资的 4 倍左右。起付标准以下的医疗费用，从个人账户中支付或由个人自付。起付标准以上、最高支付限额以下的医疗费用，主要从统筹基金中支付，个人也要负担一定比例。超过最高支付限额的医疗费用，可以通过商业医疗保险等途径解决。统筹基金的具体起付标准、最高支付限额以及在起付标准以上和最高支付限额以下医疗费用的个人负担比例，由统筹地区根据以收定支、收支平衡的原则确定。

（3）基金管理与监督。基本医疗保险基金纳入财政专户管理，专款专用，不得挤占挪用。社会保险经办机构负责基本医疗保险基金的筹集、管理和支付，并要建立健全预决算制度、财务会计制度和内部审计制度。社会保险经办机构的事业经费不得从基金中提取，由各级财政预算解决。基本医疗保险基金的银行计息办法有两种：一种呈当年筹集的部分，按活期存款利率计息；另一种是个人账户的本金和利息归个人所有，可以结转使用和继承。

各级劳动保障和财政部门要加强对基本医疗保险基金的监督管理。审计部门要定期对社会保险经办机构的基金收支情况和管理情况进行审计。统筹地区应设立由政府有关部门代表、用人单位代表、医疗机构代表、工会代表和有关专家参加的医疗保险基金监督组织，加强对基本医疗保险基金的社会监督。

（4）医疗服务管理。基本医疗保险实行定点医疗机构（包括中医医院）和定点药店管理。劳动保障部会同卫生部、财政部等有关部门制定定点医疗机构和定点药店的资格审定办法。社会保险经办机构要根据中西医并举，基层、专科和综合医疗机构兼顾，方便职工就医的原则，负责确定定点医疗机构和定点药店，并同定点医疗机构和定点药店签订合同，明确各自的责任、权利和义务。在确定定点医疗机构和定点药店时，要引进竞争机制，职工可选择若干定点医疗机构就医、购药，也可持处方在若干定点药店购药。国家药品监督管理局会同有关部门制定定点药店购药事故处理办法。

（5）有关人员的医疗待遇。医疗费支付不足部分，由当地人民政府帮助解决。退休人员参加基本医疗保险，个人不缴纳基本医疗保险费。对退休人员个人账户的计入金额和个人负担医疗费的比例给予适当照顾。国家公务员在参加基本医疗保险的基础上，享受医疗补助政策，具体办法另行制定。为了不降低一些特定行业职工现有的医疗消费水平，在参加基本医疗保险的基础上，作为过渡措施，允许建立企业补充医疗保险。企业补充医疗保险费在工资总额 4% 以内的部分，从职工福利费中列支，福利费不足列支的部分，经同级财政部门核准后列入成本。

6.3.3　新型农村合作医疗制度

1. 制度的建立与发展

2002 年 10 月，《中共中央、国务院关于进一步加强农村卫生工作的决定》明确指出：要"逐步建立以大病统筹为主的新型农村合作医疗制度"。从 2003 年起，各省、自治区、直辖市至少要选择 2~3 个县（市）先行试点，取得经验后逐步推开。到 2010 年，实现在全国建立基本覆盖农村居民的新型农村合作医疗制度的目标，减轻农民因疾病带来的经济负担，提高农民健康水平。

2. 制度的实施原则

新型农村合作医疗，简称"新农合"，是指由政府组织、引导、支持，农民自愿参加，个人、集体和政府多方筹资，以大病统筹为主的农民医疗互助共济制度。采取个人缴费、集体扶持和政府资助的方式筹集资金。建立新型农村合作医疗制度要遵循以下原则：

（1）自愿参加，多方筹资。农民以家庭为单位自愿参加新型农村合作医疗，遵守有关规章制度，按时足额缴纳合作医疗经费；乡（镇）、村集体要给予资金扶持；中央和地方各级财政每年要安排一定专项资金予以支持。

（2）以收定支，保障适度。新型农村合作医疗制度要坚持以收定支、收支平衡的原则，既保证这项制度持续有效运行，又使农民能够享有最基本的医疗服务。

（3）先行试点，逐步推广。建立新型农村合作医疗制度必须从实际出发，通过试点总结经验，不断完善，稳步发展。要随着农村社会经济的发展和农民收入的增加，逐步提高新型农村合作医疗制度的社会化程度和抗风险能力。

3. 主要内容

（1）组织管理。新型农村合作医疗制度一般采取以县（市）为单位进行统筹。条件不具备的地方，在起步阶段也可采取以乡（镇）为单位进行统筹，逐步向县（市）统筹过渡。要按照精简、效能的原则，建立新型农村合作医疗制度管理体制。省、地级人民政府成立由卫生、财政、农业、民政、审计、扶贫等部门组成的农村合作医疗协调小组。各级卫生行政部门内部应设立专门的农村合作医疗管理机构，原则上不增加编制。县级人民政府成立由有关部门和参加合作医疗的农民代表组成的农村合作医疗管理委员会，负责有关组织、协调、管理和指导工作。经办机构的人员和工作经费列入同级财政预算，不得从农村合作医疗基金中提取。

（2）筹资标准。新型农村合作医疗制度实行个人缴费、集体扶持和政府资助相结合的筹资机制。农民个人每年的缴费标准不应低于 10 元，经济条件好的地区可相应提高缴费标准。有条件的乡村集体经济组织应对本地新型农村合作医疗制度给予适当扶持，鼓励社会团体和个人资助新型农村合作医疗制度。地方财政每年对参加新型农村合作医疗的农民的资助不低于人均 10 元，具体补助标准和分级负担比例由省级人民政府确定。经济较发达的东部地区，地方各级财政可适当增加投入。从 2003 年起，中央财政每年通过专项转移支付对中西部地区除市区以外的参加新型农村合作医疗的农民按人均 10 元安排补助资金。

（3）基金管理。农村合作医疗基金是由农民自愿缴纳、集体扶持、政府资助的民办公助社会性资金，要按照以收定支、收支平衡和公开、公平、公正的原则进行管理，必须专款专用、专户储存，不得挤占挪用。农村合作医疗基金主要补助参加新型农村合作医疗农民的大额医疗费用或住院医疗费用。有条件的地方，可实行大额医疗费用补助与小额医疗费用补助结合的办法，既提高抗风险能力又兼顾农民受益面。

（4）医疗服务管理。加强农村卫生服务网络建设，强化对农村医疗卫生机构的行业管理，积极推进农村医疗卫生体制改革，不断提高医疗卫生服务能力和水平，使农民得到较好的医疗服务。各地区要根据情况，在农村卫生机构中择优选择农村合作医疗的服务机构，并加强监管力度，实行动态管理。要完善并落实各种诊疗规范和管理制度，保证服务质量，提高服务效率，控制医疗费用。

6.3.4　城镇居民基本医疗保险制度

2007 年 7 月，国务院发布《关于开展城镇居民基本医疗保险试点的指导意见》，我国城镇居民基本医疗保险试点工作全面展开。计划于 2010 年在全国全面推开，逐步覆盖全体城镇非从业居民。

城镇居民基本医疗保险保障对象包括：不属于城镇职工基本医疗保险制度覆盖范围的中小学阶段的学生（包括职业高中、中专、技校学生）、少年儿童和其他非从业城镇居民都可自愿参加城镇居民基本医疗保险。这意味着我国医疗保险制度最后一块空白被填补，实现基本建立覆盖城乡全体居民的医疗保障体系的目标。

1. 制度实施目标和原则

现行的城镇居民基本医疗保险制度实质上是一种社区医疗保险模式，目的是要通过试点，探索和完善城镇居民基本医疗保险的政策体系，形成合理的筹资机制、健全的管理体制和规范的运行机制，逐步建立以大病统筹为主的城镇居民基本医疗保险制度。制度实施应遵循以下原则：

（1）保障水平与经济发展相适应。试点工作要坚持低水平起步，根据经济发展水平和各方面承受能力，合理确定筹资水平和保障标准，重点保障城镇非从业居民的大病医疗需求，逐步提高保障水平。

（2）自愿原则。坚持自愿原则，充分尊重群众意愿。

（3）实行属地管理。明确中央和地方政府的责任，中央确定基本原则和主要政策，地方制订具体办法，对参保居民实行属地管理。

（4）统筹协调。坚持统筹协调，做好各类医疗保障制度之间基本政策、标准和管理措施等的衔接。

2. 基金筹集与支付

（1）缴费和补助。城镇居民基本医疗保险以家庭缴费为主，政府给予适当补助。参保居民按规定缴纳基本医疗保险费，享受相应的医疗保险待遇，有条件的用人单位可以对职工家属参保缴费给予补助。国家对个人缴费和单位补助资金制定税收鼓励政策。

（2）费用支付。城镇居民基本医疗保险基金重点用于参保居民的住院和门诊大病医疗支出，有条件的地区可以逐步试行门诊医疗费用统筹。城镇居民基本医疗保险基金的使用要坚持以收定支、收支平衡、略有结余的原则。要合理制定城镇居民基本医疗保险基金起付标准、支付比例和最高支付限额，完善支付办法，合理控制医疗费用。探索适合困难城镇非从业居民经济承受能力的医疗服务和费用支付办法，减轻他们的医疗费用负担。城镇居民基本医疗保险基金用于支付规定范围内的医疗费用，其他费用可以通过补充医疗保险、商业健康保险、医疗救助和社会慈善捐助等方式解决。

3. 基金管理

要将城镇居民基本医疗保险基金纳入社会保障基金财政专户统一管理，单独列账。试点城市要按照社会保险基金管理等有关规定，严格执行财务制度，加强对基本医疗保险基金的管理和监督，探索建立健全基金的风险防范和调剂机制，确保基金安全。

4. 相关改革

（1）继续完善各项医疗保障制度。进一步完善城镇职工基本医疗保险制度，采取有效措施将混合所有制、非公有制经济组织从业人员以及灵活就业人员纳入城镇职工基本医疗保险；大力推进进城务工的农民工参加城镇职工基本医疗保险，重点解决大病统筹问题；继续着力解决国有困难企业、关闭破产企业等职工和退休人员的医疗保障问题；鼓励劳动年龄内有劳动能力的城镇居民，以多种方式就业并参加城镇职工基本医疗保险；进一步规范现行城镇职工基本医疗保险的支付政策，强化医疗服务管理。加快实施新型农村合作医疗制度；进一步完善城市和农村医疗救助制度；完善多层次医疗保障体系，搞好各项医疗保障制度的衔接。

（2）协同推进医疗卫生体制和药品生产流通体制改革。根据深化医药卫生体制改革的总体要求，统筹协调医疗卫生、药品生产流通和医疗保障体系的改革和制度衔接，充分发挥医疗保障体系在筹集医疗资金、提高医疗质量和控制医疗费用等方面的作用；进一步转变政府职能，加强区域卫生规划，健全医疗服务体系；建立健全卫生行业标准体系，加强对医疗服务和药品市场的监管；规范医疗服务行为，逐步建立和完善临床操作规范、临床诊疗指南、临床用药规范和出入院标准等技术标准；加快城市社区卫生服务体系建设，充分发挥社区卫生服务和中医药服务在医疗服务中的作用，有条件的地区可探索实行参保居民分级医疗的办法。

6.3.5 大病医疗保险

大病医疗保险是对城乡居民因患大病发生的高额医疗费用给予报销，目的是解决群众反映强烈的"因病致贫、因病返贫"问题，使绝大部分人不会再因为疾病陷入经济困境。2012年8月30日，国家发展和改革委、卫生部、财政部、人社部、民政部、保险监督管理委员会等六部委发布《关于开展城乡居民大病保险工作的指导意见》，明确针对城镇居民医保、新农合参保（合）人大病负担重的情况，引入市场机制，建立大病保险制度，减轻城乡居民的大病负担，大病医保报销比例不低于50%。

1. 基本原则

（1）坚持以人为本，统筹安排。把维护人民群众健康权益放在首位，切实解决人民群众因病致贫、因病返贫的突出问题。充分发挥基本医疗保险、大病保险与重特大疾病医疗救助等的协同互补作用，加强制度之间的衔接，形成合力。

（2）坚持政府主导，专业运作。政府负责基本政策制定、组织协调、筹资管理，并加强监管指导。利用商业保险机构的专业优势，支持商业保险机构承办大病保险，发挥市场机制作用，提高大病保险的运行效率、服务水平和质量。

（3）坚持责任共担，持续发展。大病保险保障水平要与经济社会发展、医疗消费及承受能力相适应。强化社会互助共济的意识和作用，形成政府、个人和保险机构共同分担大病风险的机制。强化当年收支平衡的原则，合理测算，稳妥起步，规范运作，保障资金安全，实现可持续发展。

（4）坚持因地制宜，机制创新。各省、区、市以及新疆生产建设兵团在国家确定的原则下，结合当地实际，制定开展大病保险的具体方案。鼓励地方不断探索创新，完善大病保险承办准入、退出和监管制度，完善支付制度，引导合理诊疗，建立大病保险长期稳健运行的长效机制。

2. 筹资机制

（1）筹资标准。各地结合当地经济社会发展水平、医疗保险筹资能力、患大病发生高额医疗费用的情况、基本医疗保险补偿水平以及大病保险保障水平等因素，精细测算，科学合理确定大病保险的筹资标准。

（2）资金来源。从城镇居民医保基金、新农合基金中划出一定比例或额度作为大病保险资金。城镇居民医保和新农合基金有结余的地区，利用结余筹集大病保险资金；结余不足或没有结余的地区，在城镇居民医保、新农合年度提高筹资时统筹解决资金来源，逐步完善城镇居民医保、新农合多渠道筹资机制。

（3）统筹层次和范围。开展大病保险可以市（地）级统筹，也可以探索全省（区、市）统一政策，统一组织实施，提高抗风险能力。有条件的地方可以探索建立覆盖职工、城镇居民、农村居民的统一的大病保险制度。

3. 保障内容

（1）资金来源。从城镇居民医保基金、新农合基金中划出，不再额外增加群众个人缴费负担。

（2）保障标准。患者以年度计的高额医疗费用，超过当地上一年度城镇居民年人均可支配收入、农村居民年人均纯收入为判断标准，具体金额由地方政府确定。

（3）保障范围。大病保险的保障范围要与城镇居民医保、新农合相衔接。城镇居民医保、新农合应按政策规定提供基本医疗保障。在此基础上，大病保险主要在参保（合）人患大病发生高额医疗费用的情况下，对城镇居民医保、新农合补偿后需个人负担的合规医疗费用给予保障。高额医疗费用以个人年度累计负担的合规医疗费用超过当地统计部门公布的上一年度城镇居民年人均可支配收入、农村居民年人均纯收入为判定标准，具体金额由地方政府确定。合规医疗费用是指实际发生的、合理的医疗费用（可规定不予支付的事项），具体由地方政府确定。

（4）保障水平。以力争避免城乡居民发生家庭灾难性医疗支出为目标，合理确定大病保险补偿政策，实际支付比例不低于50%；按医疗费用高低分段制定支付比例，原则上医疗费用越高支付比例越高。随着筹资、管理和保障水平的不断提高，逐步提高大病报销比例，最大限度地减轻个人医疗费用负担。做好基本医疗保险、大病保险与重特大疾病医疗救助的衔接，建立大病信息通报制度，及时掌握大病患者医保支付情况，强化政策联动，切实避免因病致贫、因病返贫问题。

7 生育保险

随着社会经济的发展和人类文明的进步，在妇女生育期间为其提供生活保障和医疗保健成为各国政府的一项重要职责，生育保险因而建立并得到快速发展。生育保险是社会保障体系的重要组成部分，但由于国情不同，世界各国的生育保险必然存在一定的差异。

7.1 生育保险概述

7.1.1 生育保险的含义

生育保险（Maternity Insurance）是国家通过立法筹措一定的基金，对生育子女期间暂时丧失劳动力的职业妇女给予一定的经济和物质补偿，保障其生活、工作和健康权利的一种社会保险制度。

这一概念的界定包括三层含义：第一，生育保险一般被用来帮助法定范围内的劳动者因生育而导致的两个方面的经济风险，一是怀孕、生产、哺乳期间的医护费用，二是产假和哺育假期间的经济来源；第二，生育保险因人口政策的不同而表现出极大的差异，有的鼓励生育，有的控制生育，但都以保证劳动者不致因生育而不能保障基本生活需求为限；第三，生育保险是以社会保险为手段来达到保险目的，但大多数是将妇女作为直接受益者。

7.1.2 生育保险的特点

第一，保险对象主要是女职工。生育保险主要是对生育期间的妇女给予经济和物质帮助，因而享受产假、生育津贴、医疗服务补偿以育龄妇女为主体。随着社会经济的发展和文明程度的提高，生育保险的保障对象已经从妇女本人扩大到生育妇女的配偶，从职业妇女扩大到非职业妇女。有些国家和地区给予其配偶一定假期，而其工资待遇照旧。

第二，各国保险待遇享受条件不一致。有些国家要求享受者有参保记录、工作年限、本国公民身份等方面的证明。我国生育保险要求享受对象必须是合法婚姻者，即必须符合法定结婚年龄、按婚姻法规定办理了合法手续，并符合国家计划生育政策等。

第三，保险待遇水平高于其他社会保险。生育保险的目的不仅是对生育期间妇女的经济损失和医疗费用进行补偿，而且是针对生育妇女采取的一系列保健措施，有利于人类的延续和提高下一代的素质。生育保险具有较浓厚的福利色彩，与国家的人口政策密切相关，因此其待遇水平一般比其他社会保险高。

第四，医疗待遇范围主要是生育医疗费用。正常生育过程一般不需要复杂的医疗技术，同时产前和产后的医疗照顾带有保健性质，因此生育医疗费用相对较低且较为稳定，大多数国家的生育保险采取了定额付费方式。

第五，保险期限范围涉及生育事件前后。生育保险待遇实行产前、产后享受的原则，也就是生育保险的时间期限覆盖了生育事件发生前后。这是因为怀孕妇女产前生理的变化导致行动不便，产后的妇女需要身体康复和照料婴儿的时间，这期间的经济和物质支持更为重要。其他社会保险项目发生作用是在相应事件发生之后。例如，失业保险是在失业发生之后才提供失业津贴，医疗保险是在疾病发生之后才提供医疗费用补偿，工伤和养老保险也是如此。

7.1.3 生育保险的作用

1. 实行生育保险是对女职工基本生活的保障

女职工在生育期间离开工作岗位，不能正常工作。国家通过制定相关政策保障她们离开工作岗位期间享受有关待遇，在生活保障和健康保障两方面为孕妇的顺利分娩创造了有利条件。

2. 实行生育保险是提高人口素质的需要

妇女生育体力消耗大，需要充分休息和补充营养。生育保险为她们提供了生育保险津贴，使她们的生活水平没有因为离开工作岗位而降低，同时为她们提供医疗服务项目，包括产期检查、围产期保健指导等，对胎儿的生长情况进行监测。对于在妊娠期间患病或接触有毒有害物质的妇女，做必要的检查；对于在孕期出现异常现象的妇女，进行重点保护和治疗，以达到保护胎儿正常生长、提高人口质量的作用。

3. 实行生育保险有助于保证国家人口政策的贯彻实施

目前，一些发达国家出生率很低，人口出现了负增长。为了保持人口数量的稳定，许多国家制定了一系列鼓励生育的政策，其中包括生育保险政策。生育保险要求符合特定时期的人口政策的生育才能享受生育保险待遇，这样有利于职工提高生育质量，促进人口政策的贯彻实施。

7.1.4 生育保险的发展历程

1883 年，德国在其颁布的《德国劳工基本保险法》中针对女性生育问题做了一些制度性规定，这也是世界上关于生育保险最早的制度性规定。同年颁布的《疾病社会保险法》中也纳入了生育保险的有关内容，但是当时只是作为疾病保险的一部分实施，生育保险基金发放也仅限于女性被保险人。继德国将生育保险纳入社会保险法规体系中，女性生育问题进一步引起了世界各国的重视。19 世纪末 20 世纪初，许多国家陆续制定了对妇女劳动者在生育期间的保障措施。意大利政府于 1912 年颁布独立的《生育保险法》，这也是世界上第一部独立的生育保险法。

1919 年，第一届国际劳工大会上通过的《生育保护公约》（第 3 号公约）是最早的生育保险国际公约。该公约第一次对生育保险做出一些通用性的国际规范，规定了受保护的妇女生育方面的权利。国际劳工组织于 1952 年讨论通过了《社会保障最低标准公约》（第 102 号公约），对生育补助金做了专门的规定，主要内容包括：产假、生育津贴、医疗津贴；产期健康保护，禁止妊娠或哺乳妇女从事夜间工作和加班；就业权利保护；生育期间，妇女有权一次或数次中断工作哺乳婴儿，具体时间由集体协商决定；为母亲和婴幼儿提供哺乳室或托儿所等设施；禁止解雇产假期间的妇女，并赋予生育妇女产假期间的工龄权及产假结束后恢复其原工作、原工资的权利。

2000 年，国际劳工组织为进一步保证劳动力中的所有妇女的平等权和母子的健康及安全，通过了《保护生育公约》（第 183 号公约）和《保护生育建议书》（第 191 号建议书），扩大了生育保护的覆盖面，更加明确地捍卫了生育妇女的权益。

各国实行的生育保险制度虽然在内容、形式和标准上有所不同，但一般都采用国家立法来确立生育保险的性质、地位、作用和运行机制。到 2008 年，在建立了社会保险体系的 165 个国家和地区中，有 135 个建立了生育保险制度。

7.2 生育保险制度

7.2.1 生育保险制度的类型

1. 实行社会保险制度的国家

实行社会保险制度的国家也称实行参保制的国家，其主要做法包括：通过立法规定个人、雇主、政府对疾病、生育保险基金的筹资比例（不一定都是三方负担），建立统一的基金，由基金支付覆盖群体的生育或医疗费用。这种制度一般覆盖所有或部分雇员。实行社会保险制度的国家有美国、德国、芬兰、巴西等 91 个国家。

2. 实行福利制度的国家

实行福利制度的国家也称实行强制性保险和普遍医疗保健相结合的制度的国家，其主要特征包括：不以参保作为享受生育保险待遇的前提；本国所有雇员均可以享受疾病或生育津贴，所有常住居民可以免费或负担很少的费用享受医疗保健；享受生育津贴的人员，必须在生育前有一定时间的参保或就业记录；享受医疗保健的人员只要求是本国常住居民；新西兰等国政府规定，只要符合国家公民资格和财产调查手续的妇女，一般都能享受生育保险待遇。这种制度一般在经济条件比较好的国家实施，如加拿大、瑞士、丹麦、澳大利亚、新西兰等 20 个国家。

3. 实行雇主责任制的国家

生育费用由企业雇主或职工所在单位负担，不要求有缴费记录。这种制度所占的比例比较小，一般在经济尚不发达的国家采用，如苏联、利比亚、马耳他等 8 个国家。

4. 其他保障类型

其他保障类型主要为储蓄基金制度、全民保险制度、社会保险和私人保险制度相结合的制度。

实施这几种制度的国家所占的比例很小，只有 5 个。例如，储蓄基金制度只在新加坡、尼日利亚、赞比亚 3 个国家实施；实施全民保险制度的国家只有冰岛，该制度覆盖全体居民；实行社会保险和私人保险相结合制度的仅秘鲁一个国家，该国的保险制度正处于新旧制度变革之中。

7.2.2 生育保险基金的筹集与管理

1. 生育保险基金来源

世界上大多数国家没有单列生育保险，在管理上往往将生育保险和医疗保险融为一体，合并收费，只有少数国家有单独的生育保险缴费。因此，这里所说的生育保险资金来源是指包括生育保险缴费在内的多险种合并缴费。生育保险基金来源主要有以下几种：

第一，由政府、雇主和受保人三方共同负担。欧洲和亚洲的大多数国家都采用这种方式，如欧洲的奥地利、比利时、德国、法国、芬兰等国家，亚洲的日本、韩国、印度和泰国等国家。

第二，由雇主和政府共同负担，如丹麦、意大利、英国、菲律宾等国家。

第三，出雇主和受保人共同负担，如巴基斯坦等国家。

第四，由雇主全部负担，如新加坡、瑞典和印度尼西亚等国家。

2. 生育保险制度的支付条件

生育保险同其他社会保险项目一样，需要具备一定的支付条件。但是，由于世界各国社会保险的模式不同，其生育保险支付条件也是不同的。

第一，要求享受生育保险待遇者必须事先定期、如数缴纳生育保险费，且必须缴足法定时间。例如，墨西哥规定，被保险人生育前 12 个月内必须已经缴纳 30 周保险费才能享受生育保险。

第二，以投保年期或工作期限为条件，即被保险人必须在产前达到投保所规定的时间，或者从事工作若干期限，方有获得生育保险待遇的资格。例如，法国规定，产后可以得到 10 个月保障，且在这年之前 12 个月的前 3 个月内受雇 200 小时，或者缴纳 6 个月的保险费，才有资格享受生育保险待遇。

第三，只对居住年限有一定的要求。例如，卢森堡规定，受益人必须在该国居住 12 个月，夫妻两人必须在该国居住 3 年，才能享受生育保险的待遇。

第四，没有任何限制条件就可以享受生育保险待遇。例如，澳大利亚、新西兰等国规定，只要符合国家公民资格和财产调查手续的妇女，均可享受生育保险待遇。

第五，不要求个人投保，只对单位职工实行生育保险。在实行社会保险统筹的国家中，一些国家不要求女职工在生育之前投保，但仅对部分单位的女职工提供生育保险，不要求女职工在生育之前履行投保义务，如苏联、中国。1994 年 12 月 14 日，我国劳动部颁布的《企业职工生育保险试行办法》规定，企业向社会保险机构缴纳不超过本企业工资总额 1%的生育保险费用，国家则采取税前列支的办法间接资助，生育保险费用由企业来负担。

7.2.3　生育保险的待遇

由于各国政治经济发展及风俗习惯的差异，生育保险待遇水平存在较大差别。一般来说，经济发展水平高的国家，女职工所享受的生育保险待遇高一些。从整体上看，欧洲国家女职工享受的生育保险待遇普遍高于亚洲、非洲、南美洲国家的女职工。但这种区别也不完全取决于经济发达的程度，同时还取决于该国政府的社会保险政策。

1. 生育医疗服务

生育医疗服务是提供孕期、分娩和产后所需要的各种检查、咨询、助产、住院、护理、医药等一系列的医疗保健和治疗服务。生育医疗服务是生育保险待遇之一，主要包括早孕保健、产前检查、高危妊娠筛检、监护、管理、产时保健、新生儿保健、产褥期保健、计划生育手术服务、流产医疗服务、生育引起疾病的诊断和诊疗等。大多数国家为女职工提供从怀孕到产后的医疗保健及治疗。我国生育保险医疗服务项目主要包括检查、接生、手术、住院、药品、计划生育手术费用等。

2. 生育假期（产假）

生育假期指职业女性在分娩前后的一定时间内所享受的带薪假期。生育假期不仅包括生育休假、怀孕假期和产后照顾婴儿的假期，而且包括做过流产和节育的妇女休息的假期。

生育假期的主要作用是使女职工在生育时期得到适当的休息，增进、保护产妇身体健康，逐步恢复工作能力及其料理个人生活的能力，并使婴儿得到母亲的精心照顾和哺育。

2000 年，国际劳工组织通过的《生育保护公约》规定，生育假期为 14 周，并规定产前和产后都有假期。目前，绝大多数国家都接受了国际劳工组织的这一建议。如德国规定生育假期为 32 周。法国规定，生育第 1 个或第 2 个子女，产前 6 周、产后 10 周；生育第 3 个子女，产前 18 周、产后 18 周；难产时，产前另外支付 2 周；多胎生育的女职工则要另外支付 2~12 周。只有少数国家规定的生育假期相对短些。例如，菲律宾为 45 天，利比亚为 50 天。

3. 生育津贴

生育津贴又称生育现金补助，是对职业妇女生育期间工资收入损失依法给予的现金补偿。生育津贴是为了弥补女职工生育期间工资收入的损失，维护中断劳动收入的生育妇女的基本生活。

生育津贴的享受者一般是生育女职工，有的国家也包括女职工的配偶。一些国家还可以将生育津贴给予其他受益人。例如，瑞典、芬兰、丹麦等国规定，产妇返回工作岗位，生育津贴可支付给在家照料婴儿的有职业的父亲。

生育津贴是对生育妇女的收入补偿，这种收入补偿应该足以维持产妇和产儿的身体健康，因而生育保险是一切社会保险中给付水平最高的。生育津贴支付的标准一般按收入的百分比进行计算。从原则上来讲，生育津贴支付标准应和维持产假期间的生活相适应。国际劳工组织的《生育保护公约》建议，生育津贴为原工资收入的 2/3；很多国家的补偿原则是不低于生育前的工资水平，或为原工资的 100%。生育津贴的支付期限一般与产假的期限一致，但基本上是逐步延长的趋势。

4. 育儿假和育儿津贴

育儿假只在少数国家实行，它是规定婴儿的母亲或父亲可以在休满产假后增加一段休假照顾婴儿。各国育儿假期从 6 个月到 3 年不等，育儿假期间发放适当津贴，有些国家称为母亲工资或父亲工资，其标准低于生育津贴。

5. 其他待遇

其他待遇是指除上述费用以外的其他生育社会保险待遇，主要包括子女补助费、难产补助和假期、男职工之妻（无工作）的生育补助等。

7.3 中国生育保险制度

7.3.1 中国生育保险制度的建立与发展

我国有专门的生育保险制度，这一制度没有与医疗保险制度合而为一。生育保险以它特殊的功能，"一手托两命"，历来受到政府的高度重视。半个世纪以来，我国的生育保险从无到有并随着社会经济的发展和社会保险的改革不断调整完善。

1951 年，政务院颁布《中华人民共和国劳动保险条例》，对企业女职工生育保险进行了规定。1953 年，政务院对《中华人民共和国劳动保险条例》进行修正，劳动部同时制定了《劳动保险条例实施细则》，增加了生育保险待遇内容，调整和提高了保险待遇水平，生育补助改为现金支付，男工人或男职员之妻生育时发给生育补助。

机关、事业单位女性工作人员的生育保险制度是独立的。1952 年 6 月 27 日，政务院发布《关于全国各级人民政府、党派、团体及所属事业单位的国家工作人员实行公费医疗的指示》，将女性工作人员的生育费用纳入公费医疗。

1994 年 12 月，劳动部颁发的《企业职工生育保险试行办法》中规定：本办法适用城镇企业及其职工。生育保险按属地原则组织，生育保险费用实行社会统筹。

2007 年，卫生部等下发《关于完善新型农村合作医疗统筹补偿方案的指导意见》规定，对参合孕产妇计划内住院分娩给予适当补偿，明确了将生育医疗费用纳入新农保的支付范围。

2009 年，人社部下发《关于妥善解决城镇居民生育医疗费用的通知》，要求各地要将城镇居民基本医疗保险参保人员住院分娩发生的符合规定的医药费纳入城镇居民基本医疗保险基金支付范围。开展门诊统筹的地区，可将参保居民符合规定的产前检查费用纳入支付范围。

为了更好地对女职工进行劳动保护，国务院于 2012 年 4 月颁布实施《女职工劳动保护特别规定》。将女职工的生育假期延长至 98 天，并对生育津贴标准和女职工劳动保护措施进行了调整。

人社部发布了《生育保险办法（征求意见稿）》，从 2012 年 11 月 20 日起面向社会公开征求意见。意见稿明确指出，生育险待遇将不再限户籍，单位不缴生育险须支付生育费。

7.3.2 中国生育保险制度的主要内容

我国现行的生育保险制度是在新中国成立初确立的基础上经过不断调整和改革形成的，其法律依据主要有《生育保险办法》《中华人民共和国社会保险法》和《女职工劳动保护特别规定》。

1. 生育保险制度覆盖范围

生育保险覆盖范围包括中华人民共和国境内的一切国家机关、人民团体、企事业单位的职工。2010年10月28日通过的《中华人民共和国社会保险法》规定，职工未就业配偶按照国家规定享受生育医疗费用待遇，所需资金从生育保险基金中支付。

2. 生育保险基金筹集

第一，基金来源。生育保险根据"以支定收，收支基本平衡"的原则筹集资金。由企业按照其工资总额的一定比例向社会保险经办机构缴纳生育保险费，建立生育保险基金。生育保险费的提取比例由当地人民政府根据计划内生育人数和生育津贴、生育医疗费等项费用确定，并可根据费用支出情况适时调整，但最高不得超过工资总额的百分之一。企业缴纳的生育保险费作为期间费用处理，列入企业管理费用，职工个人不缴纳生育保险费。

第二，筹资模式。生育保险按属地原则组织，生育保险费用实行社会统筹。

3. 生育保险制度的资格条件

生育保险作为一项社会保险制度，只适用于达到法定婚龄的已婚女性劳动者，并且还必须符合和服从国家计划生育的规定。不符合法定年龄的已婚女性劳动者的生育和不符合或不服从国家计划生育规定的生育，都不能享受生育保险待遇。

按照权利与义务对等的原则，参保单位女职工享受生育保险待遇，所在单位必须按时足额缴纳生育保险费。在欠费期间发生的生育保险费用不予从保险基金中支付，待所在单位足额补缴后方可办理结算。

4. 生育保险待遇

第一，产假。女职工生育享受98天产假，其中产前可以休假15天，难产的产假增加15天；生育多胞胎的，每多生育1个婴儿，产假增加15天。女职工怀孕未满4个月流产的，允准15天产假；怀孕满4个月流产的，允准42天产假。很多地区还采取了对晚婚晚育的职工给予延长产假的奖励政策。

第二，生育医疗费用。生育医疗费用包括下列各项：怀孕和生育期间的医疗费用，计划生育的医疗费用，法律、法规规定的其他项目费用。女职工生育或者流产的医疗费用，按照生育保险规定的项目和标准，对已经参加生育保险的，由生育保险基金支付；对未参加生育保险的，由用人单位支付。

第三，生育津贴。对已经参加生育保险的，按照用人单位上年度职工月平均工资的标准由生育保险基金支付；对未参加生育保险的，按照女职工产假前工资的标准由用人单位支付。还有的地区对参加生育保险的企业中男职工的配偶给予一次性津贴补助。

　　第四，劳动保护制度。用人单位应当遵守女职工禁忌从事的劳动范围的规定。用人单位应当将本单位属于女职工禁忌从事的劳动范围的岗位书面告知女职工。相关部门根据经济社会发展情况，对女职工禁忌从事的劳动范围进行了调整。

8　失业保险

由于市场经济的影响，社会必然存在失业的情况。这一客观事实的存在，促使了失业保险的产生和发展。因此，失业保险的建立必须以客观存在的失业事实为依掘，并且能够减轻劳动者失业带来的经济损失。失业保险制度的建立能够起到保障失业劳动者的经济损失、促进劳动者再次就业、维护社会稳定等作用。

8.1　现代经济中的失业风险及其处置

8.1.1　失业的概念

失业是相对于就业而言的，是劳动者和生产资料相分离的状态，指的是达到法定劳动年龄、具有劳动能力的劳动者，有从事劳动的意愿，但是由于某些原因，与生产资料相分离，不能够创造社会价值或者劳动收入的状态。在社会高度组织化、劳动社会化的社会经济环境之中，失业同时意味着失去了参与社会经济活动、获得社会归属感的最重要机会。因此，失业的本质是指在一定的社会经济条件下，在劳动年龄之内有劳动能力和劳动愿望的人没有得到以特定的方式参与社会劳动，从而使自己的物质需求和精神需求获得满足的社会机会的现象。

失业者指的是在市场经济条件下，在劳动年龄之内，有劳功能力，希望得到而没能得到或者是失去了从事有报酬的生产经营活动或其他非生产性经营性工作机会的人。失业者不包括排除在就业者范围以外的人，如已经退休的人或者在法定劳动年龄下限以外的人、失去劳动能力的人、被刑法机构监禁的人。失业者不包括自愿放弃劳动或工作机会的人。

8.1.2　失业的类型

从宏观上来看，失业是指社会劳动力的供给与需求在总量上或者结构上失衡，从而造成一些社会成员没有工作岗位的现象。从微观上来看，失业是指劳动力市场上的一些人因为缺乏竞争力，没有找到工作或者被雇主辞退。因此，失业是社会因素和个人原因综合作用的结果。它体现了市场经济中资源的优化配置，也体现了由于生产力的提高对劳动力产生的替代效应。

按照不同的划分标准，可以将失业划分为以下类型：

第一，按照失业的意愿可以分为自愿失业和非自愿性失业。自愿失业是指工人所要求的实际工资越过了边际生产率，或者说不愿意接受现行的工作条件和收入水平而未被雇用造成的失业。这种失业是劳动者主观不愿意就业造成的，因此被称为自愿失业，它无法通过经济手段和政策来消除，不是经济学所研究的范围。非自愿失业是指有劳动能力、愿意接受现行工资水平但仍然找不到工作的现象。这种失业是客观原因造成的，可以通过经济手段和政策来消除，经济学中所讲的失业是指非自愿失业。

第二，根据不同的失业原因可以分为摩擦性失业、季节性失业、结构性失业和周期性失业。

1. 摩擦性失业

摩擦性失业是指生产过程中难以避免的，由转换职业等而造成的短期、局部失业，这种失业的性质是过渡性的或短期性的。它通常起源于劳动的供给一方，因此被看作是一种求职性失业，即一方面存在职位空缺，另一方面存在着与此数量对应的寻找工作的失业者。这是因为劳动力市场信息的不完备，厂商找到所需雇员和失业者找到合适工作都需要花费一定的时间。从经济和社会发展的角度来看，这种失业的存在是正常的。

2. 季节性失业

季节性失业是由消费者对一些商品和服务的季行性需求造成的，即消费者对这些商品和服务的需求是季节性变化的。这是一种正常性的失业，它通过影响产业的生产或某些消费的需求而影响对劳动力的需求。

3. 结构性失业

结构性失业是指劳动力的供给和需求不匹配所造成的失业，其特点是既有失业，也有职位空缺，失业者或者没有合适的技能，或者居住地点不当，因此无法填补现有的职位空缺。结构性失业在性质上是长期的，而且通常起源于劳动力的需求方。结构性失业是由经济变化导致的，这些经济变化引起特定市场和区域中的特定类型劳动力的需求相对低于其供给。

4. 周期性失业

周期性失业是指经济周期中的衰退期或萧条期时，因社会总需求下降而造成的失业。当经济发展处于一个周期中的衰退期时，社会总需求不足，因而厂商的生产规模缩小，从而导致较为普遍的失业现象。周期性失业对于不同行业的影响是不同的。一般来说，需求的收入弹性越大的行业，周期性失业的影响越严重。

8.1.3 失业的消极影响

失业会造成劳动力资源浪费和社会损失，失业就是劳动力资源的闲置。而劳动力资源具有即时性，不能利用的劳动力资源不能下移至下期使用，本期劳动力资源的闲置导致这部分劳动力资源的永久性浪费。失业不但使失业者及其家属的收入和消费水平下降，而且会给失业者造成巨大的心理创伤，影响社会稳定。高失业率往往会导致高犯罪率和社会动乱。

1. 失业对个人的影响

从个人心理层面来讲，失业者往往会产生消极沮丧、仇视社会的心理。如果缺乏适当的情绪管理机制，容易产生自怨情绪或者抱怨社会等症状，严重者可能会产生抢劫、杀人等犯罪行为。失业的时间越长，抑郁情绪会越严重。国外流行病学研究结果认为，失业者身心健康状况普遍较差，患病率和总死亡率也明显高于就业人群。

2. 失业对家庭的影响

失业对家庭的首要影响是丧失稳定的工作收入。如果失业者没有足够的积蓄，家庭其他成员没有就业收入，那么家庭经济将迅速陷入困境。对于大多数劳动者来说，就业收入是唯一的收入来源，一旦失业，将难以维持生计。较幸运的失业者也许会收到雇主的解雇金或者政府提供的失业给付、失业救济、失业福利等，但是低于就业收入而且仅能短期救急。

3. 失业对社会的影响

失业的社会影响虽然难以估计和衡量，但它最容易被人们感受到。失业威胁着社会单位和经济单位的家庭的稳定。家庭的要求和需要得不到满足，家庭关系将因此受到损害。西方有关的心理学研究表明，解雇造成的创伤不亚于亲友的去世或学业上的失败。此外，家庭之外的人际关系也会受到失业的严重影响。

4. 失业对经济的影响

失业的经济影响可以用机会成本的概念来理解。当失业率上升时，经济中本可以由失业工人生产出来的产品和劳务就损失了。衰退期间的损失，就好像是将众多的汽车、房屋、衣物和其他物品都销毁掉了。从产出核算的角度看，失业者的收入总损失等于生产的损失。因此，丧失的产量是计量周期性失业损失的主要尺度，因为它表明经济处于非充分就业状态。20 世纪 60 年代，美国经济学家奥肯根据美国的数据，提出了经济周期中失业变动与产出变动的经验关系，被称为奥肯定律。

8.1.4 处置失业风险的办法

失业是市场经济不可避免的客观产物。失业不仅仅影响失业者本身，还关系到失业者的家庭，进而影响整个社会的经济政治。

各国处置失业的办法概括起来可以分为两种：

一是用增加就业量的方法来降低失业率。凯恩斯的"有效需求不足"理论认为，失业主要是由于有效需求不足，只要消除非自愿性失业就能实现充分就业。凯恩斯认为有效需求不足是市场机制自发作用的必然产物，因此市场没有自我调节的能力，必须依靠政府。政府采取一系列干预经济的政策，用扩张政府需求的办法来弥补私人有效需求不足，从而保持总需求和总供给之间的平衡。根据这一理论，我们发现增加就业量的办法就是要提高经济发展水平、完善劳动力供给市场、提高劳动力供给质量。经济对就业量增长的拉动能力还取决于就业弹性系数。完善劳动力市场，建立供求双方及时、有效的沟通渠道是减少摩擦性失业的重要手段。通过延长每个劳动者接受教育的年限、加强职业技能的培训不仅可以提高劳动力的供给质量，而且还可以延缓劳动力的供给，起到调节劳动力供给数量的作用，进而延缓失业。

二是减轻失业给社会带来的负面影响。如果促进经济增长减少失业率是处置失业风险的主动选择，那么降低失业带来的社会风险就是处置失业风险的一个被动选择。建立失业救济制度或者失业保险制度是减轻失业对社会带来负面影响的一个重要手段。失业救济制度是以家庭调查为实施依据，只有确认失业者无法维持生存时，才予以救助。失业保险制度是社会保险制度的一项基本内容，是失业劳动者的一项基本权利。依据保险学中的大数法则，建立失业保险基金，分散失业风险。失业保险在给失业者提供一定生活费的同时也为失业者提供技能培训和职业介绍等。

8.2　失业保险概述

8.2.1　失业保险的含义

1. 失业保险的含义

失业保险是指国家通过立法强制实行的、由社会集中建立基金，对因失业而暂时中断生活来源的劳动者在规定期限内提供物质帮助的制度。它是社会保障体系的重要组成部分，是社会保险的主要项目之一。这一概念的界定包括三层含义：第一，失业保险是针对劳动者阶层而言的，失业是工薪劳动者在职业竞争中被淘汰，失业的后果都是使人生计断绝。于是，当失业或破产的情况一旦发生，失业或破产保险就自动发生作用。第二，失业保险是帮助失业者或破产者在再次就业之前维持基本生活需求的，而且有法定时限。第三，失业保险是以社会保险为手段达到保障目的。

2. 失业保险的特点

（1）普遍性。它主要是为了保障有工资收入的劳动者失业后的基本生活而建立的，其覆盖范围包括劳动力队伍中的大部分成员。分析我国失业保险适用范围的变化情况，适用范围呈逐步扩大的趋势。《失业保险条例》覆盖城镇所有企业事业单位及其职工，充分体现了普遍性原则。

（2）强制性。它是通过国家制定法律法规来强制实施的。按照规定，在失业保险制度覆盖范围内的单位及其职工必须参加失业保险并履行缴费义务。根据有关规定，未履行缴费义务的单位和个人都应当承担相应的法律责任。

（3）互济性。失业保险金主要来源于社会筹集，由单位、个人和国家三方共同负担，缴费比例、缴费方式相对稳定，筹集的失业保险金不分来源渠道，全部并入失业保险基金，在统筹地区内统一调度使用以发挥互济功能。

8.2.2　失业保险制度的基本内容

1. 失业保险的覆盖范围

失业保险是为遭遇失业风险、收入暂时中断的失业者设置的一道安全网，显然，它的覆盖范围应包括社会经济活动中的所有劳动者。目前，很多国家的失业社会保险覆盖范围逐步扩展到几乎所有的工资劳动者。以美国为例，失业保险覆盖面占劳动者就业总人数的 90%。

2. 失业保险的资金来源

（1）资金来源。失业保险基金由雇主和雇员缴纳的失业保险费和政府的财政拨款构成。因此，基金一般来源于四个方面，即国家财政拨款、企业缴纳的失业保险费、雇员缴纳的失业保险费、基金的经营性收入。

失业保险费费用负担方式可以划分为以下几种模式：

一是三方负担模式。根据政府负担的程度，该模式又分为三种：政府按一定比例承担费用或纳入政府财政预算管理，如日本；政府负担某一方面费用，如法国、英国等；政府只在失业保险金入不敷出时给予补贴或者根据需要给予补贴，如中国、比利时、挪威。

二是雇主、雇员分担模式。雇主负担比例一般不低于雇员，但是也有少数国家雇员缴费比例高于雇主。

三是政府、雇主分担模式，雇员不参与缴费。绝大多数国家政府只在非常情况下被动提供补贴或者补助，主动负担一定比例或者某方面费用的国家极少，因而实际上是由雇主负担费用，如美国、俄罗斯。

四是政府负担模式。雇主和雇员都不参与缴费，由政府从公共基金中划拨资金。实施这种模式的国家的失业保险制度一般是失业补助，如澳大利亚、新西兰。

（2）筹资比例。任何保险都要遵循保险的基本原则——大数法则。在对事故发生频率预测的基础上确定筹资比例。但是失业风险不同于养老、医疗等其他社会保险，它受社会和经济等不确定风险因素的影响，如经济周期、企业制度、劳资关系等，失业率及其变化规律很难预测。因此，虽然失业基金也要有资金的积累，但是它不可能像养老保险那样着眼于长期的资金平衡。失业率受经济周期的影响明显，失业保险又不可能以年度为单位进行资金积累，而是采取多年度的中期模式，根据经济周期变化对筹资比例进行灵活调节。失业保险的缴费比例往往根据失业率的升降不断地变化，以免失业基金收支不平衡。

3. 失业保险的待遇给付

（1）待遇领取条件。保险的对象是有劳动能力并有劳动愿望但是无劳动机会的劳动者，参加了失业保险的劳动者领取失业保险金必须符合规定条件。各国的具体规定不同，一般而言，各国关于失业保险待遇的领取，通常要求符合以下条件：

第一，必须符合法定年龄要求。失业保险的对象限于劳动者，即只有符合法定劳动年龄，才有可能享受失业保险待遇。未达到劳动年龄以及已达到法定退休年龄的人都不在失业保险之列。例如，德国规定失业者必须是未满 65 岁，法国规定必须未满 60 岁。

第二，失业者必须是非自愿失业。自愿失业者不得享受失业保险，非自愿失业包括周期性失业、季节性失业、结构性失业和摩擦性失业等。

第三，失业者必须满足一定期限的要求。各国关于失业保险的类型不同，有实行强制性失业保险或非强制性失业保险的，还有实行双重性失业保险或者储蓄性失业保险的。失业者领取失业保险金要求的条件也就因此有所不同。

第四，失业者必须具有劳动能力和就业愿望。失业保险对象是具有劳动能力和就业意愿的失业者。如果劳动者已丧失劳动能力，则应享受工伤保险待遇或养老保险待遇，而不应享受失业保险待遇。此外，劳动者还要有就业意愿，通常要求失业者在规定的期限内到职业介绍所或失业保险管理机构进行登记，要求重新就业；或者要求失业期间定期与失业保险机构联系，报告个人情况；还有的规定如拒绝失业保险机构安排就业的，停发失业救济金。

（2）待遇标准。各国在确定失业津贴标准时，多根据经济承受能力和基本生活需要而定。

第一，计算失业津贴主要有三种方法，即薪资比例制、均一制、薪资比例制与均一制混合使用。多数国家支付失业津贴按失业工人最近一个时期平均周工资的一定百分比计算，另有一些国家采取失业津贴一律按同一数额给付，而不考虑失业者过去工资的多少。

第二，失业津贴有上限和下限规定。一些国家对计算失业津贴的工资基数有最高限额规定，或对给付失业津贴数额有最高限额规定。失业津贴的下限参考最低生活标准制定，一般略高于贫困线水平。救济保障最低生活需要与失业津贴保障基本生活需要的保障水平应有区别。

第三，失业津贴水平大都维持在失业者原工资的50%~75%。

第四，很多国家按缴费时间长短分别设立几个档次，缴费时间越长失业津贴标准越高。

第五，按失业前工资的一定比例给付失业津贴时，有的国家采用逆相关办法。例如，日本规定，基本失业津贴按失业前工资的60%~80%给付，工资越低，适用的比例越高。

（3）失业津贴给付期。失业津贴给付期有两方面的内容，即失业津贴给付期上限和给付失业津贴的等待期。

失业保险担负保障基本生活和促进就业的双重任务。规定失业津贴的给付期限，是为了发挥失业社会保险的整体作用，既保证暂时的生活，又强制再就业。确定失业津贴给付期限，应以使大多数失业者在重新就业前不过多地减少收入为原则。国际劳工组织第44号公约规定，无论是按收入的津贴还是补助，支付期应为每年至少156个工作日，在任何情况下，也不能少于78个工作日；据此确定的最低水平失业津贴至少支付13周；意外事故期间收入不超过限定条件的居民得到保护时，失业津贴在12个月中至少支付26周，各国规定的失业津贴给付期长短也不同。

8.2.3 失业保险制度的建立与发展

英国于1911年颁布《失业社会保险法》，标志着世界上强制性失业社会保险制度的诞生。在此之前，19世纪中叶，欧洲各国工人就在工会的领导下成立了互助会，团结起来开展救济失业、保障就业的活动。随着工业化的发展，失业问题越来越严重，仅靠工友之间的互助互济难以解决失业问题，失业工人生存艰难，劳动力生产和再生产遇到障碍，社会稳定受到威胁。由此，各国政府开始关注失业问题并在失业保险中发挥作用。1901 年，比利时出现了政府资助的失业保险，即地方政府从地方财政中提供资助、工会互助会负责管理资金、自愿参加的失业保险形式。之后，法国、挪威、丹麦三国也分别在 1905 年、1906 年和 1907 年立法建立了非强制性失业保险制度。英国立法将失业保险纳入强制性社会保险体系之后，苏格兰、意大利、奥地利、瑞士、保加利亚、德国、西班牙等国纷纷效仿，陆续建立起强制失业社会保险制度。

据统计，1940 年，有 21 个国家和地区建有失业社会保险制度，1994 年增加到 44 个国家，其中欧洲有 25 个国家，亚洲有 6 个国家，拉美与加勒比地区有 6 个国家，非洲有 3 个国家，北美和澳洲各有 2 个国家。全世界享有失业保障的失业者仅占全体失业者的一小部分，并且主要分布在发达国家，多数发展中国家受经济承受能力的限制，没有失业保障制度。大多数发达国家的失业社会保险制度建立在第二次世界大战之前，发展中国家则在 20 世纪五六十年代建立，甚至更晚。为适应社会经济的发展，很多国家的失业保险法规在 20 世纪七八十年代进行了修订。

8.3　中国失业保险制度

8.3.1　中国失业保险制度的发展

改革开放前，我国实行的是传统的计划经济体制。在这一体制下，各企业单位没有自主的权利，个人也没有自主择业的权利，国家实行"统包统配，安置就业"和"铁饭碗"政策，不存在失业现象。这种表面上的高就业率掩盖了实际上的隐性失业，因为当时实行的是低工资、高就业的政策。直到 1986 年，为了配合国有企业改革，实行劳动合同制，促进劳动力的合理流动，保障失业职工的基本生活需要，国务院颁发了《国营企业职工待业保险暂行规定》，这标志着我国失业保险制度的建立。

失业保险的确立阶段为 20 世纪 90 年代中后期，我国经济改革迫切要求失业保险能担当起保障国有企业富余职工进入市场以后基本生活的重任。1999 年，国务院发布《失业保险条例》，在完善失业保险制度、强化失业保险的保障功能、强调失业保险权利与义务的对应、体现失业保险的性质、保障职工合法权益方面无疑有很大的进步。这主要表现为：第一，确立了保障失业人员的基本生活和促进再就业的基本宗旨。第二，将失业保险的实施范围扩大到城镇各类企事业单位及其职工。第三，建立了国家、单位、职工三方负担的筹资机制，用人单位的缴费比例提高到了工资总额的 2%，职工个人按本人工资的 1% 缴纳。第四，确定了失业保险待遇的享受条件、申领程序。《失业保险条例》规定领取失业津贴必须同时符合三个条件：按照规定参加失业保险，所在单位和本人已履行缴费义务满一年；非因本人意愿中断就业；已办理失业保险登记，并有求职要求的。第五，重新调整了支出项目和支付标准。失业津贴的标准按照高于当地城市最低生活保障标准，低于当地最低工资标准的原则制定。第六，提高了统筹层次，实行市级统筹。第七，加强了基金管理，规定失业保险基金必须存入银行的财政专户，实行收支两条线管理。

8.3.2 中国失业保险制度面临的问题

1. 保险覆盖面较窄，保障功能较差

第一，失业保险覆盖面较窄。一是条例规定的适用范围窄，忽视了失业保险普遍性这一本职特征。《失业保险条例》第2条第3款明确规定城镇企业是指国有企业、城镇集体企业等，而且第6条规定城镇企事业单位招用的农民合同制工人不缴纳失业保险费。由此可见，我国失业保险条例的适用范围并未扩充到乡镇企业职工和城市农民打工族。二是实际参保的范围小，尚不能做到应保尽保。总的来说，国有企业参保率较高，私营企业较低，而个体工商户基本没有参保。

第二，保障功能较差。覆盖范围窄和使用率低使筹集的资金难以应对失业的现实需要，导致部分人员难以享受失业保险待遇，使得失业保障功能难以充分发挥。

2. 失业保险基金管理方面缺位

第一，失业保险金缴纳的标准过于笼统。《失业保险条例》第6条明确规定："城镇企业、事业单位按照本单位工资总额的2%缴纳失业保险费。城镇企业、事业单位职工按照本人工资的1%缴纳失业保险费。"失业保险金的缴费率由政府统一规定，无法体现企业失业率和其保险费缴纳之间的关系，无法区别不同行业的失业风险。对效益好、失业率低的企业来说，只有很少甚至没有职工领取失业救济金，这些企业常常把缴纳保险费看作是对效益差、失业率高的企业的无偿补贴，因而这些企业不愿参加失业保险，即使参加了也抵制、拖欠保险费；而反观效益差、失业率高的企业，统一费率无疑助长了其懒惰与依赖的思想。

第二，失业保险金的使用效率较低。与失业保险的两大功能相对应，失业保险资金的使用方向主要有两个：失业津贴和促进再就业。但实际上真正用于失业津贴、促进再就业的那部分资金所占比例只有70%左右。造成这种现象的原因主要是失业保险基金在具体运作过程中缺乏应有的相互牵制机制，导致失业保险基金被挤占、挪用、截留等现象。即使是一些看似被用于失业救济的资金，是否真正用到了应该享受失业救济金的失业人员身上也未可知，失业保险基金的使用效率亟待提高。

3. 统筹层次低，互济性差

《失业保险条例》第7条规定："失业保险基金在直辖市和设区的市实行全市统筹，其他地区的统筹层次由省、自治区人民政府规定。"从实施情况看，多数地区的统筹层次仍停留在县级。由于统筹层次偏低，基金的整体承受能力比较脆弱，要想抵御更大规模的失业风险，必须提高统筹层次。一般来看，统筹层次越高，失业保险基金的调剂余地就越大，基金使用效益也就越显著。

4. 促进再就业的能力较弱，难以与再就业相协调

（1）重救济，轻培训。失业保险的两大功能——生活保障和促进再就业是相互依存共同发展的，前者为后者提供基础和保障，而没有后者，前者也就失去了其应有的意义。我国的国情和财力状况也决定了我国的失业保险制度不可能靠单纯的失业津贴，只有强化失业保险制度的促进再就业功能，适当加大转业培训、生产自救、职业介绍等就业服务的投入，才能降低失业津贴的成本。

（2）制度的导向性差。目前失业保险制度对失业者积极求职的经济激励措施不力，虽然也规定了提供失业职工的转业培训费、扶持失业职工生产自救等内容，但这些项目多数得不到保证。另外，现行制度中对于失业者跨区域求职未规定给以资助，却通过户口、居所等限制失业者的地区流动。而一些国家，如日本，失业者异地就业，需要举家迁移的，可以向失业保险机构领取搬迁费，这样无疑有利于劳动力市场的人才流动。

8.3.3　完善我国失业保险制度

我国是发展中国家，仍处在社会主义初级阶段，要在这样一个拥有 13 亿人口的发展中国家建立与社会主义市场经济相适应的失业保险制度，所面临的困难是可想而知的。但我们必须本着公平与效率兼顾、竞争与稳定并重的原则，坚持国家、单位、个人责任分担的做法，立足于本国国情，借鉴国际先进经验，建立健全适合国情的失业保险制度。

1. 实现失业保险制度创新

（1）加强失业保险立法工作。失业保险不仅要保证失业职工在失业期间获得必要的基本生活保障，而且要培养和增强失业职工的再就业能力。因此，应通过国家立法，实行强制性失业保险，对失业保险的实施范围、资金来源、基金的筹集与管理、待遇标准、享受条件、管理机构及职责做出明确的规定，以保障失业保险制度的实施。只有这样，才能保障失业者在失业期间享受失业保险待遇的权利，保障失业保险基金按时足额征缴，使权利和义务更好地联系起来，逐步使失业保险制度步入法制化轨道。

（2）进一步拓展失业保险的统筹范围。从近些年我国失业状况的特点看，困难企业和失业群体的分布有着很强的地域性，以致失业保险基金的支出和积累也水平不一，有的地区陷入较严重的困境，这就对失业保险的总体统筹和控制能力提出了要求。因此，应逐步拓宽失业保险的统筹范围，引进保险基金在省际的调动和平衡机制，加强地区之间的调剂作用，使失业保险基金的使用效果得到更好的体现。

2. 完善失业保险基金的使用与管理

（1）调整基金支出结构，提高基金使用效益。失业保险基金的支出应根据企业改革状况，进行动态调整。根据历年决算结果，失业保险基金中生产自救费和转业训练费的支出大大高于失业津贴的支出。据统计，2006 年支出的失业津贴占失业保险金的比例为 28%，而转业训练及生产自救费占失业保险金的比例为 40%，"两费"支出比例较高，导致一些地方出现了挤占、挪用"两费"现象。因此，应相应增加某些失业津贴项目，如失业职工的生育补助金、独生子女补助费、生活困难补助金等。"两费"应坚持随用随提、不得预提和比率控制的原则，建立灵活的调节机制。

（2）建立健全失业保险监督机制，规范失业保险发放、管理工作。首先，建立失业保险基金的预算制度，通过预算的编制、审批、执行、监督等工作，增强基金收支的计划性，增加基金管理的约束力。这有利于对基金进行全过程的管理和监督，严防随意挤占、挪用失业保险基金，使其真正起到应有的作用。其次，建立失业保险基金预警制度，对其收支余额进行动态管理，适时监控，建立失业保险基金的警戒线和应急机制。当基金余额达到警戒线时，及时补充，使之恢复正常的保障能力。最后，规范失业保险金的发放、管理工作，为每一位领取失业金的人员建立档案，进行跟踪监督。最后，还应加强对失业基金运行的审计监督。

3. 将失业保险与促进再就业联系起来，营造失业人员再就业的宽松环境

推动失业人员重新就业本身就是失业保险工作的一个有机组成部分。失业保险除了对失业人员进行经济援助外，另一项重要工作就是促进失业人员的再就业，提高失业人员的再就业能力是解决失业问题的根本。因此，要将失业保险与促进再就业工作密切联系起来，加强对失业人员的职业培训，做到失业培训工作经常化、有针对性，着力于全面提高失业人员的素质。另外，要为失业人员再就业营造宽松环境，主要内容包括：第一，适当降低创业的门槛，减少失业人员创办企业的资金限额和各种限制条件；第二，为创业者提供适当的资金支持，包括实施放宽贷款条件、降低贷款利息等举措；第三，为失业人员创办企业提供一定的税费减免，降低创业的负担。

9 工伤保险

工伤保险是社会保险的一个重要组成部分。工伤保险虽然只是针对遭受工伤或职业病风险的特殊人群，但这些人群所受到的伤害往往波及面比较大，而且会引发劳资争议和冲突，因而在大多数国家中，工伤保险都是最早建立起来的险种之一。随着社会的发展，工伤保险的功能不断延伸，现代意义上的工伤保险是指工伤预防、工伤补偿、工伤康复三位一体。

9.1 工伤保险概述

9.1.1 工伤及工伤保险的含义

工伤保险是社会保障体系的重要组成部分，工伤保险制度对于保障因生产、工作过程中的工伤事故或职业病造成伤、残、亡的职工及其供养直系亲属的生活，对促进企业安全生产，维护社会安定起着重要的作用。

1. 工伤

工伤（Industrial Injury）亦称职业伤害（Occupational Injury），是指劳动或者进行与职业责任有关的活动时所遭受的事故和职业病伤害，是工业社会的产物。工伤的本质特征是对受害人肌体的损伤，既可能由工作事故引起，也可能由工作过程或环境中存在的致病的危险因素所致。

职业病分为广义和狭义两种。广义职业病是指在生产或工作环境中，由工业毒害、不良气候条件、生物因素及恶劣卫生条件等引起的疾病，其特征为形成时间长，大多数表现为身体器官生理功能损伤，很少有痊愈的可能，属于不可逆性损伤。狭义职业病是指国家根据生产力发展水平、经济状况、医疗水平等综合因素，由主管部门明文规定的法定职业病。工伤保险承保的职业病是指狭义职业病。

一般认为，职业病应具备以下三个条件：第一，该疾病与工作场所的职业性有害因素密切相关；第二，所接触的有害因素剂量可能导致疾病的发作；第三，职业性病因所起的作用大于非职业性病因所起的作用。

2. 工伤保险

工伤保险是国家通过立法强制实施的，为在生产过程中遭受意外事故或职业病伤害的劳动者及其家属提供医疗服务和经济补偿，保证其基本生活需要的社会保险制度。

现代意义上的工伤保险，不仅包括对因工伤、残、亡者的经济补偿和物质帮助，而且包括促进企业安全生产、降低事故率及职业病发生率，并通过现代康复手段，使受伤害者尽快恢复劳动能力，促进其与社会的整合。

9.1.2 工伤保险的特点

工伤保险具有补偿与保障的性质。比起其他社会保险项目，工伤保险的特征较为明显。

1. 工伤保险最具强制性

工伤事故具有突发性和不可预测性，且大多损伤属于不可逆性损伤。由于工伤可能为个人带来终身痛苦，给家庭带来永久的不幸，因此，国家法律往往规定强制实施工伤保险，通过法律手段保障工伤职工及家属的权益。

2. 工伤保险实施范围最广

工伤保险是世界上历史最悠久、实施范围最广的社会保险制度。政府通过法律，通过对社会经济生活的一定干预，在已发生职业风险与未发生职业风险群体之间进行收入再分配，切实达到保障劳动者基本生活水平的目的。

3. 工伤保险保障项目最全面

与其他社会保险项目相比，工伤保险的保障项目最全面，不仅有经济补偿，而且还有其他服务，包括免费医疗救治、死亡者丧葬、伤残重建、职业康复、生活辅助器具、伤残人员的转岗培训以及工伤预防等。

4. 工伤保险给付条件最为宽泛

经过伤残鉴定后，工伤保险的给付条件最为宽泛。它不受工龄、性别和年龄的限制，要按伤残等级给予相应待遇。

9.1.3 工伤保险的基本原则

1. 无责任补偿原则

无责任补偿原则又称补偿不究过失原则，是指劳动者在工作过程中遭遇工伤事故或患职业病，无论责任属于本人、企业或第三方，只要不是劳动者犯罪或故意所为，均按照法律规定的标准支付劳动者相应的工伤保险待遇。无责任补偿原则要求待遇给付与责任追究相分离，不能因为事故责任的追究影响待遇给付的时间和额度。无责任补偿原则的确立，有利于劳动者在工伤发生后，能够得到及时的治疗和经济补偿。

2. 个人不缴费原则

工伤保险费是由企业或雇主按照国家规定的费率缴纳的，劳动者个人不缴纳任何费用。工伤保险待遇带有明显的劳动力修复与再生产投入性质，属于企业生产成本的特殊组成部分。工伤事故的这种特殊性和无过失补偿原则决定了工伤保险的保险费只能由企业或雇主单方承担。世界上最早建立工伤保险制度的德国确立了这个原则并为其他国家所效仿。

3. 补偿与预防、康复相结合的原则

工伤保险的首要任务是工伤补偿，但加强安全生产、减少事故发生率和发生事故时及时进行抢救治疗，采取有力措施帮助劳动者尽快恢复健康并重新走上工作岗位，比工伤补偿更有意义。

4. 因工和非因工原则

工伤保险待遇具有损害赔偿性质，其医疗待遇、康复待遇、伤残待遇和死亡抚恤待遇等均比非工伤待遇及其他的社会保险项目待遇更为优厚，并且享受的资格条件不受年龄和缴费合格期的限制。

5. 一次性补偿与长期补偿相结合原则

对于因工而部分或完全永久丧失劳动能力的职工或是因工死亡的职工，受伤害职工或遗属在得到补偿时，工伤保险机构一般可以一次性支付补偿金项目。此外，对一些伤残者及死亡职工所供养的遗属，工伤保险机构具有长期支付项目，补偿直到其失去供养条件为止。这种补偿原则已经为世界上越来越多的国家所接受。

6. 伤残和职业病等级原则

工伤保险待遇是根据伤残和职业病等级分类确定的。各国在制定工伤保险制度时，都制定了伤残和职业病等级，并通过专门的鉴定机构和人员对受职业伤害职工的受伤害程度予以确定，区别不同伤残和职业病状况，以给予不同标准的待遇。

9.1.4 工伤保险的作用

1. 工伤保险可以维护劳动者基本权益

在社会化大生产条件下，建立工伤保险制度有利于保障劳动者在发生工伤事故后能够得到及时的救治和医疗康复以及必要的经济补偿，保障劳动者合法权益是维护劳动者基本权益的必要手段。

2. 工伤保险有利于企业分散风险，提高企业承担风险的能力

从企业角度来说，工伤事故的发生具有不确定性，而事故发生后的赔款金额或赔偿期间的情况更无法预料。工伤保险制度实现了侵权责任的社会化，用人单位只需依法缴纳工伤保险费用，便可以完全免除或部分免除发生工伤事故时的民事赔偿责任，从而分散企业的赔偿责任，有利于企业摆脱高额给付造成的困境，有效地缓解了无过失责任主义的推行带来的由于经营者负担过重影响社会生产发展的问题。

3. 工伤保险有利于增强安全意识

近几年来，企业工伤事故在不断增多，这在很大程度上是由劳动者安全意识淡薄、不重视安全生产造成的。工伤保险通过与改善劳动条件、安全教育、防病防伤宣传、医疗康复等措施相结合，可以提高劳动者的安全意识，减少工伤事故发生率，减少经济损失。

4. 工伤保险有利于维护社会稳定

如果企业职工不参加工伤保险，一旦发生工伤事故，在企业处理工伤事故的过程中，工伤职工和其家属往往会对处理工伤事故的公正性产生怀疑，进而对处理结果表示不满，容易导致劳动关系紧张甚至矛盾激化，产生不安定因素。如果企业参加工伤保险，事故发生后，可由企业向当地劳动保障管理部门上报事故情况，劳动保障部门调查核实后进行工伤认定，认定为工伤后，则享受工伤保险待遇。这样，就能够较好地处理工伤事故，协调好企业和工伤职工的劳动关系，有效地防止不稳定因素的产生。

9.1.5 工伤保险的发展历程

随着工业化的发展，工伤事故的发生也越来越频繁，已经演变成为一个不可忽视的社会问题。工伤保险制度的产生也不是一蹴而就的，大致经历了雇主个人承担、雇主过失赔偿、雇主责任保险、工伤社会保险四个阶段。

1. 第一阶段：雇工个人承担阶段

在工业化社会的初始阶段，在小作坊式的工厂里，工伤事故基本上是由雇主和雇员之间私下协商处理。在欧洲工业化时代早期，职业伤害时有发生，却并未引起足够重视。英国著名经济学家亚当·斯密在风险承担理论中指出："给工人规定的工资标准中，已包含了对工作岗位危险性的补偿，而工人既然自愿与雇主签订合同，那就意味着他们是自愿接受了风险，接受了补偿这种风险的收入。因而，工人理应负担在工作过程中因发生工伤事故而蒙受的一切损失，而与雇主没有直接关系。"这一理论风行于早期资本主义时代，成为雇主推卸工伤责任的理论依据。显而易见，这种由雇工个人承担工伤风险的制度明显是有缺陷的。作为雇主和雇工双方，并不是单纯的一方提供劳动，另一方支付报酬的对等关系。雇主在各个方面都是处于优势地位的，让已经处于弱势地位的劳动者再承担因工作造成伤害的损失，这样明显是有失公平的，而且也不利于生产的持续性。

2. 第二阶段：雇主过失赔偿阶段

伴随着工业化程度的进一步加强，大机器生产导致的工伤事故和职业性疾病日益增多，也越来越严重。雇主对工伤事故不承担责任，工伤损害的不利后果完全由雇工本人及其家庭承担，由此引发了严重的社会问题，工人运动风起云涌。19 世纪 70 年代开始，在处理工伤引发的赔偿伤害案件时，过失责任原则开始为部分国家所用。凡是能证明工伤的原因是出自雇主一方，受伤劳动者可以获得雇主赔偿，且雇主过失程度与赔偿额度正相关，发生纠纷时上诉至法院，法院依法裁决。这是工人阶级经过奋起斗争取得的一项社会保障权益，是一种进步，但也存在着明显的缺陷。雇工和雇主明显处于不平等的地位，要求雇工证明雇主在工伤事故中存在过错是十分困难甚至是不可能的，而且工伤事故原因的多元性和复杂性也会造成雇主过失责任认定困难，往往会出现雇工既不能拿出证据证明雇主的过错，之后还被雇主解雇的局面。

3. 第三阶段：雇主责任保险阶段

19 世纪末，法国、德国、英国等普遍认同了无过错责任原则和职业危险原则，凡是利用机器或雇员体力从事经济活动的雇主或机构，就有可能造成雇员受到职业方面的伤害；意外事故无论是由于雇主的疏忽还是受伤害者的同事的粗心大意，甚至根本不存在什么过失，雇主也应进行赔偿，赔偿金应该是企业所承担的一部分管理费用。

无过错责任原则和职业危险原则应用于工业伤害领域，代表着雇主责任制的开始（即通常人们所称的"雇主责任保险"）。雇主责任保险是指受伤害的工人或遗属直接向雇主索取赔偿，雇主依照法律法规向他们直接支付保险待遇。

4. 第四阶段：工伤社会保险阶段

工伤事故具有不可避免性和非个人性的特征，因此单纯地追究个人的责任是不合理的。既然事故是社会性的问题，就需要根据社会公正的原则，让整个社会来分担损失，保证事故的受害人获得赔偿。第一次世界大战前，少数欧洲国家开始用社会保险来弥补雇主责任保险的不足，雇主责任制逐步向工伤社会保险过渡。1884 年德国颁布《工人灾害赔偿保险法》，通过一定的强制性措施对工伤赔偿制度予以干预，规定由雇主缴纳工伤保险费用，工伤社会保险制度形成。第二次世界大战后，工伤社会保险制度得到了完善和发展，欧洲绝大多数国家和拉美、亚洲一些国家相继建立了工伤保险制度。工伤保险现已成为现代社会中的一个普遍性的保障制度，其普及率比养老、医疗、失业等保险高得多。在全球近 200 个国家和地区中，有 172 个国家建立了社会保障制度，其中建立了工伤保险项目的有 164 个。

9.2 工伤保险制度的基本内容

9.2.1 工伤保险模式

当前，世界各国工伤保险制度大体上可以分为雇主责任制模式和社会保险模式。

1. 雇主责任制模式

雇主责任制模式曾经是世界上主流的工伤保险模式，现在仍然有一些国家的工伤保险制度属于这种模式。根据国际劳工组织专家对 140 个国家的工伤保险制度进行的分类。迄今仍然有大约 40 个国家通过雇主责任制来对劳动者提供工伤保险。实行雇主责任保险制度的国家，投保的性质以商业保险为主，又可以分为三种类型：一是明文规定所有雇主必须投保缴纳保险费，如意大利、澳大利亚、芬兰和新加坡等；二是规定某些危险性较大职业的雇主必须向商业保险公司投保，如马来西亚、乌拉圭、萨尔瓦多和哥斯达黎加等；三是没有明文规定雇主有义务投保，雇主自愿参加保险，如阿根廷、斯里兰卡等。

2. 社会保险模式

实行社会保险制度的国家大致可以分为三种类型：一是工伤保险作为一项独立的制度存在，在基金和管理方面与其他社会保险项目相对分离，如德国、意大利和日本等；二是工伤保险在基金方面是独立的，在行政管理方面却是与其他社会保险项目一起由同一机构来管理，如法国和奥地利；三是工伤及其他意外事故包括在整个社会保险制度之中，如阿尔及利亚和巴拿马。

社会保险模式有利于避免个别企业因为工伤事故而受到过大的冲击；有利于受伤害的职工得到可靠的保险待遇，减少工伤争议的发生；还有利于形成规模效应，减少管理费用。但在社会保险模式下，有可能存在严重的道德风险。因此，在一些国家雇主责任近年来有所加强，作为社会保险制的补充，德国和俄罗斯就强化了雇主在事故预防、职业康复、伤残职工再就业等方面责任。

9.2.2 工伤保险制度的覆盖面

工伤保险的覆盖范围是认定受伤害人员是否属于工伤保险对象以及其所受的伤害

是否属于工伤赔偿范围的首要法律依据。工伤保险覆盖范围随着社会经济的发展不断扩大，从体力工作扩大到非体力工作，从工人扩大到所有劳动者。奥地利、丹麦、德国、芬兰、日本、挪威、瑞典、突尼斯把个体经营者包括在工伤保险之中；奥地利、德国、法国、卢森堡、挪威和瑞典，在工伤保险立法中囊括了学生和教师，奥地利和苏联等国把消防人员、援救人员和国家安全人员包括在工伤保险之内。

9.2.3　工伤认定的范围

工伤认定是指法律法规规定的机构对特定伤害是否属于工伤范围的确认。通常国家设立专门的认定机构，或者由劳动行政主管部门对职工是否属于工伤进行认定。

1. 工伤事故的认定范围

工伤事故并非单指工作中的意外事故，也包括因工作而导致的身体慢性损害，即职业病。1921 年，国际劳工大会在《关于工伤赔偿（包括农业工人）公约》（第 12号）中指出："由工作直接或间接引起的事故为工伤事故。"1952 年，国际劳工组织制定的《社会保险（最低标准）公约》（第 102 号）确定的职业伤害的范围包括：身体处于疾病状态者、由于职业伤害丧失劳动能力而造成工资收入中断者、由于永久或暂时失去劳动能力而完全失去生活费来源者。

2. 职业病的认定范围

职业病源于劳动者从事的职业本身，特别是在劳动生产过程中接触某种有害物质。工伤保险承保的职业病是法定职业病，指那些因所从事职业必然直接带来的对身体造成较大损害的疾病。1925 年国际劳工组织将铅中毒、汞中毒和炭疽病感染列为职业病。1964 年的《职业伤害赔偿公约》把 15 种疾病列入职业病。国际劳工会议于 1980 年公布了新的国际职业病名录，职业病达到 29 种。目前世界上包括我国在内的很多国家，列入职业病范围的疾病已经远远超过了《职业伤害赔偿公约》所列举的范围。

9.2.4　工伤保险基金的筹集

工伤保险基金的筹集是指专门的工伤保险管理机构按照工伤保险制度所规定的计征对象和方法，定期向劳动者所在单位征收工伤保险基金的行为。

1. 工伤保险基金的来源

大多数情况下工伤保险基金来源于雇主缴纳的保险费，劳动者个人不缴费。在欧洲国家中只有爱尔兰和英国的现金补偿来源于税收。英国自 1969 年起，又增加了雇主责任制，实行双重保险。对工伤雇员提供的补偿性的医疗服务分为两种情况，工伤人员普通的医疗服务一般都是通过医疗保险来提供的，其经费主要来源于税收，而其他的医疗费用支出必须来源于工伤保险基金。

2. 工伤保险基金筹集模式

世界上建立工伤保险制度的国家大都实行现收现付制的基金筹集模式。这种模式是按照一个较短的时期内收支平衡的原则确定费率，筹集工伤保险基金，即将当期征缴的工伤保险费用于支付当期的各项工伤保险待遇及其他合法支出。当然，为了避免费率调整过于频繁，防止短期内突发的重大工伤事故所带来的收支波动，一般保留一定数额的风险储备基金，即所谓"以支定收，略有结余"。

3. 工伤保险费率

工伤保险费率就是工伤保险费用提取比率，大多数国家都是以企业职工的工资总额为基础，按照规定的比例缴纳。工伤费率的确定主要有三种方式，即统一费率制、差别费率制、浮动费率制。

统一费率制即按照法定统筹范围内的预测开支需求，与相同范围内企业的工资总额相比较，求出一个总的工伤保险费率，所有企业都按这一比例缴费。这种方式是在最大可能的范围内平均分散工伤风险，不考虑行业与企业工伤实际风险的差别。

差别费率制即对单个企业或某一行业单独确定工伤保险费的提缴比例。差别费率的确定，主要是根据对各行业或企业单位时间上的伤亡事故和职业病统计以及工伤费用需求的预测而定。此种方式的目的是要在工伤保险基金的分担上，体现对不同工伤事故发生率的企业、行业实行差别性的负担，以保证该行业、企业工伤保险基金的收付平衡，并适当促进其改进劳动安全保护措施，降低工伤赔付成本。

浮动费率制是在差别费率制的基础上，每年对各行业或企业的安全卫生状况和工伤保险费支出状况进行分析评价，根据评价结果，由主管部门决定该行业或企业的工伤保险费率的上浮或下浮。

9.2.5 工伤保险的待遇给付

1. 伤残等级评定

在支付工伤保险待遇之前，必须对受伤者进行伤残鉴定，以确定其伤残等级，然后根据伤残等级支付保险待遇。伤残等级评定是指由专门的机构利用科学技术和方法，对工伤、疾病职工失能程度做出的判断结论，并依据此鉴定结果确定相应的工伤保险待遇。伤残等级是根据受伤者丧失劳动能力的程度确定的。

所谓丧失劳动能力，是指个人因身体或精神受到损害而导致本人工作能力严重减弱的状况。丧失劳动能力可能是暂时的，也可能是永久的；可能是部分丧失，也可能是完全丧失；可以是先天的，由非职业原因造成，也可以是后天的，由职业原因造成。就工伤保险而言，丧失劳动能力必须是由工伤造成的，即在工作中或在与工作有关的场合中受到的伤害。

2. 工伤保险待遇项目

工伤保险待遇包括医疗、康复待遇、伤残待遇、供养直系亲属待遇等。每个项目又细分为若干具体项目。

第一，工伤医疗待遇。1952年，国际劳工大会通过的《社会保障（最低标准）公约》（第102号）规定：工伤医疗费用，包括门诊或住院的治疗、药物、护理、疗养、康复器械等费用，在实行工伤保险的国家都是免费提供，且不受医疗期的限制。1964年，国际劳工大会通过的《工伤津贴公约》（第121号）提出，考虑到有些国家的医疗保险制度中个人负担费用的情况，在一定情况下可以由个人负担部分费用。

第二，暂时丧失劳动能力津贴。暂时丧失劳动能力是指受伤者正处在医疗期，尚未鉴定劳动能力丧失的程度。一旦做出鉴定或治疗超过一定期限仍需要继续治疗，就视为永久完全丧失或永久部分丧失劳动能力。关于支付暂时丧失劳动能力津贴，1964年通过的《工伤事故和职业病津贴公约》（第 123 号）规定不需要等待期，最低保障标准提高到本人工资的 60%。暂时丧失劳动能力津贴是一种短期待遇，多数国家最低支付本人工资的 60%~75%，也有少数国家支付 100%。支付期限一般为 26 周至 52 周。

第三，永久完全丧失劳动能力津贴。这项待遇是经鉴定为永久丧失劳动能力之后支付的，主要是伤残抚恤金或伤残年金。该津贴属工伤长期待遇，多数国家支付的标准为本人工资的 2/3 以上，需要护理的，一般都规定护理费。

第四，永久部分丧失劳动能力津贴。支付标准按永久完全丧失劳动能力支付标准的一定比例执行。支付方式视伤残程度而定，对于伤残程度达到一定界限以上的一部分人实行定期支付，轻度伤残的给予一次性支付。

第五，供养亲属待遇。此项待遇一般除丧葬费外，还有供养亲属抚恤金或供养亲属津贴。实行社会保险制度的国家，供养亲属抚恤金包括一次性抚恤金和定期抚恤金两部分。实行雇主责任制的国家均支付一次性待遇，一般不少于死者生前 3 年工资的收入。遗属定期抚恤金根据死者生前供养人口、经济收入等情况，按死者生前收入的一定比例给付。

9.3　中国工伤保险制度

9.3.1　中国工伤保险制度的发展历程

1951 年 2 月，政务院公布《中华人民共和国劳动保险条例》，该条例对于工伤保险制度构成做了原则性的规定，标志着我国工伤保险制度的建立。

1996 年 8 月 12 日，劳动部颁布了《企业职工工伤保险试行办法》，1996 年 10 月 1日开始实施。《企业职工工伤保险试行办法》在我国首次把工伤预防、工伤康复和工伤补偿三项工伤保险的任务结合起来，明确了我国工伤保险制度的主要任务。其中最重要的手段是实行行业差别费率和企业浮动费率。这些工伤保险改革的重要突破为工伤保险事业的发展注入了新的活力。

2003 年 4 月 27 日，国务院颁布了《工伤保险条例》，并于 2004 年 1 月 1 日起正式实施。国务院有关部门还制定发布了《工伤保险条例》的若干配套规章或政策文件，各地方结合当地的实际情况制定了相应的地方性法规。《工伤保险条例》的颁布，是我国社会保障法制化进程中具有里程碑意义的大事，标志着工伤保险制度改革进入了一个崭新的发展阶段，对于保障职工权益、促进安全生产、维护社会稳定具有重要作用。

2010 年 10 月 28 日通过的《中华人民共和国社会保险法》以专章的形式对工伤保险的基本问题做了规定，将我国多年来被实践证明且行之有效的工伤保险制度通过立法程序以法律的形式固定下来，上升为国家意志，增强了工伤保险的强制性、规范性和稳定性。

为了进一步完善工伤保险制度，人力资源和社会保障部在认真总结《工伤保险条例》实施经验的基础上，于 2009 年 7 月起草了《工伤保险条例修正案（送审稿）》报请国务院审议。2010 年 12 月 8 日，《国务院关于修改（工伤保险条例）的决定》于国务院第 136 次常务会议上通过，自 2011 年 1 月 1 日起施行。

9.3.2　中国工伤保险制度的基本内容

我国现行的工伤保险制度是在建国初期确立的基础上经过不断调整和改革形成的，其法律依据主要有《工伤保险条例》（2003 年 4 月 27 日公布）、《国务院关于修改（工伤保险条例）的决定》（2011 年 1 月 1 日起施行）和《中华人民共和国社会保险法》（2011 年 7 月 1 日起施行）。

1. 覆盖范围

中华人民共和国境内的企业、事业单位、社会团体、民办非企业单位、基金会、律师事务所、会计师事务所等组织和有雇工的个体工商户应当参加工伤保险，为本单位全部职工或者雇工缴纳工伤保险费。

公务员和参照公务员法管理的事业单位、社会团体的工作人员因工作遭受事故伤害或者患职业病的，由所在单位支付费用。具体办法由国务院社会保险行政部门会同国务院财政部门规定。

2. 基金筹集

（1）基金来源。工伤保险基金由用人单位缴纳的工伤保险费和工伤保险基金的利息依法纳入工伤保险基金的其他资金构成。职工个人不缴纳工伤保险费。用人单位缴纳工伤保险费的数额为缴费基数乘以单位缴费费率之积，用人单位一般以本单位职工上年度月平均工资总额为缴费基数。工伤保险基金在直辖市和设区的市实行全市统筹，其他地区的统筹层次由省、自治区人民政府确定。

（2）基金筹集模式。我国现行工伤保险制度采取的是现收现付制模式，以支定收，收支平衡，即以一个周期内的工伤保险基金的支付额度确定征缴的额度。

（3）工伤保险费率。工伤保险费根据以支定收、收支平衡的原则确定费率。工伤保险费率实行行业差别费率和浮动费率制度。

参照《国民经济行业分类》（GB/T 4754—2002），将行业划分为三个类别：一类为风险较小行业，二类为中等风险行业，三类为风险较大行业。三类行业分别实行三种不同的工伤保险缴费率。统筹地区社会保险经办机构要根据用人单位的工商登记和主要经营生产业务等情况，分别确定各用人单位的行业风险类别。

3. 工伤认定

我国的工伤认定是指工伤认定机构（社会保险行政部门）根据工伤保险法律法规及相关政策的规定，确定职工受到的伤害，按照是否属于应当认定为工伤、视同工伤以及不得认定为工伤的情形来确定。

职工有下列情形之一的，应当认定为工伤：在工作时间和工作场所内，因工作原因受到事故伤害的；工作时间前后在工作场所内，从事与工作有关的预备性或者收尾性工作受到事故伤害的；在工作时间和工作场所内，因履行工作职责受到暴力等意外伤害的；患职业病的；因工外出期间，由于工作原因受到伤害或者发生事故下落不明的；在上下班途中，受到非本人主要责任的交通事故或者城市轨道交通、客运轮渡、火车事故伤害的；法律、行政法规规定应当认定为工伤的其他情形。

职工有下列情形之一的，视同工伤：在工作时间和工作岗位，突发疾病死亡或者在 48 小时之内经抢救无效死亡的；在抢险救灾等维护国家利益、公共利益活动中受到伤害的；职工原在军队服役，因战、因公负伤致残，已取得革命伤残军人证，到用人单位后旧伤复发的。此外，还规定了一些不得认定为工伤或者视同工伤的情形。

根据《职业病防治法》规定，职业病是指企业、事业单位和个体经济组织的劳动者在职业活动中，因接触粉尘、放射性物质和其他有毒、有害物质等因素而引起的疾病。

职业病的分类和目录由国务院卫生行政部门会同国务院安全生产监督管理部门、劳动保障行政部门制定、调整并公布。按照卫生部、劳动和社会保障部 2002 年 4 月发布的《职业病目录》规定，我国现行的职业病包括 10 类、115 种。其中尘肺 13 种，职业性放射性疾病 11 种，职业中毒 56 种，物理因素所致职业病 5 种，生物因素所致职业病 3 种，职业性皮肤病 8 种，职业性眼病 3 种，职业性耳鼻喉口腔疾病 3 种，职业性肿瘤 8 种，其他职业病 5 种。

职业病诊断应当由省、自治区、直辖市人民政府卫生行政部门批准的医疗卫生机构承担。认定因素包括病人职业史、职业病危害接触史和现场危害调查与评价、临床表现以及辅助检查结果。没有证据否定职业病危害因素与病人临床表现之间有必然联系的，应该诊断为职业病。劳动者可以在用人单位所在地、本人户籍所在地或者经常居住地依法承担职业病诊断的医疗卫生机构进行职业病诊断。

4. 劳动能力鉴定

劳动能力鉴定是指劳动能力鉴定机构对劳动者在职业活动中因工负伤或患职业病后，根据国家工伤保险法规规定，在评定伤残等级时通过医学检查对劳动功能障碍程度（伤残程度）和生活自理障碍程度做出的判定结论。劳动能力鉴定是合理确定工伤保险待遇的基础。

（1）劳动能力鉴定的程序。劳动能力鉴定由用人单位、工伤职工或者其近亲属向设区的市级劳动能力鉴定委员会提出申请，并提供工伤认定决定和职工工伤医疗的有关资料。省、自治区、直辖市劳动能力鉴定委员会和设区的市级劳动能力鉴定委员会分别由省、自治区、直辖市和设区的市级社会保险行政部门、卫生行政部门、工会组织、经办机构代表以及用人单位代表组成。

设区的市级劳动能力鉴定委员会应当自收到劳动能力鉴定申请之日起 60 日内做出劳动能力鉴定结论；必要时，做出劳动能力鉴定结论的期限可以延长 30 日。劳动能力鉴定结论应当及时送达申请鉴定的单位和个人。

（2）劳动能力鉴定的标准。当前我国进行劳动能力鉴定主要依据 2007 年 5 月 1 日实施的《劳动能力鉴定职工工伤与职业病致残等级》，该标准依据工伤致残者于评定伤残等级技术鉴定时的器官损伤、功能障碍及其对医疗与护理的依赖程度，适当考虑了由伤残引起的社会心理因素影响，对伤残程度进行综合判定分级。

根据工伤、职业病致残程度和造成的失能情况，将残情级别分为十个伤残等级，最重的为一级，最轻的为十级。生活自理障碍分为三个等级，即生活完全不能自理、生活大部分不能自理和生活部分不能自理。职工工伤与职业病致残程度分组原则如表9.1所示。

表9.1 《劳动能力鉴定职工工伤与职业病致残等级》（GB/T 16180-2014）分级原则

级别	分级原则
一级	器官缺失或功能完全丧失，其他器官不能代偿，存在特殊医疗依赖，或完全或大部分或部分生活自理障碍
二级	器官严重缺损或畸形，有严重功能障碍或并发症，存在特殊医疗依赖，或大部分或部分生活自理障碍
三级	器官严重缺损或畸形，有严重功能障碍或并发症，存在特殊医疗依赖，或部分生活自理障碍
四级	器官严重缺损或畸形，有严重功能障碍或并发症，存在特殊医疗依赖，或部分生活自理障碍或无生活自理障碍
五级	器官大部缺损或明显畸形，有较重功能障碍或并发症，存在一般医疗依赖，无生活自理障碍
六级	器官大部缺损或明显畸形，有中等功能障碍或并发症，存在一般医疗依赖，无生活自理障碍
七级	器官大部分缺损或畸形，有轻度功能障碍或并发症，存在一般医疗依赖，无生活自理障碍
八级	器官部分缺损，形态异常，轻度功能障碍，存在一般医疗依赖，无生活自理障碍
九级	器官部分缺损，形态异常，轻度功能障碍，无医疗依赖或者存在一般医疗依赖，无生活自理障碍
十级	器官部分缺损，形态异常，无功能障碍，无医疗依赖或者存在一般医疗依赖，无生活自理障碍

《劳动能力鉴定职工工伤与职业病致残等级》分级原则与《工伤保险条例》对劳动能力丧失程度的划分原则基本保持一致，即伤残鉴定为1~4级的为完全丧失劳动能力，伤残鉴定为5~6级的为大部分丧失劳动能力，伤残鉴定为7~10级的为部分丧失劳动能力。

5. 工伤保险待遇

（1）工伤医疗待遇。工伤医疗待遇是指职工发生工伤事故后，治疗工伤所需的费用。符合工伤保险诊疗项目目录、工伤保险药品目录、工伤保险住院服务标准的，从工伤保险基金中支付。工伤保险诊疗项目目录、工伤保险药品目录、工伤保险住院服务标准由国务院劳动保障行政部门会同国务院卫生行政部门、药品监督管理部门等部门规定。

（2）停工留薪期待遇。停工留薪期待遇是指职工因工作遭受事故伤害或者患职业病需要暂停工作接受工伤医疗的，在停工留薪期内，原工资福利待遇不变，由所在单位按月支付。工伤职工评比伤残等级后，停发原待遇，按照有关规定享受伤残待遇。工伤职工在停工留薪期满后仍需治疗的，继续享受工伤医疗待遇。生活不能自理的工伤职工在停工留薪期需要护理的，由所在单位负责。

（3）伤残待遇。伤残待遇依据职工因工致残的伤残等级给予相应的伤残津贴、一次性伤残补助金、生活护理费待遇、配置辅助器具待遇等。

（4）因工死亡待遇。职工因工死亡，其近亲属按照下列规定从工伤保险基金中领取丧葬补助金、供养亲属抚恤金和一次性工亡补助金。

伤残津贴、供养亲属抚恤金、生活护理费由统筹地区社会保险行政部门根据职工的平均工资和生活费用变化等情况适时调整，调整办法由省、自治区、直辖市人民政府规定。

伤残职工在停工留薪期内因工伤导致死亡的，其近亲属享受丧葬补助金；一级至四级伤残职工在停工留薪期满后死亡的，其近亲属可以享受丧葬补助金、供养亲属抚恤金。

（5）特殊情况的工伤待遇。职工因工外出期间发生事故或存在抢险救灾中下落不明的，从事故发生当月起3个月内照发工资；从第4个月起停发工资，由工伤保险基金向其供养亲属按月支付供养亲属抚恤金；生活有困难的，可以预支一次性工亡补助金的50%；职工被人民法院宣告死亡的，按照职工因工死亡的规定处理。

9.4　工伤预防与工伤康复

现代工伤保险在给予劳动者工伤补偿的同时，通常还把工伤预防与职业康复结合起来，以便更好地发挥其在维护社会稳定、保护和促进生产力发展方面的作用。

9.4.1　工伤预防

1. 工伤预防的内涵

工伤预防即通过采取一切有效手段预防事故发生和控制职业病，保障劳动者在工作中免遭伤害，包括对可能发生的工伤事故和职业病的预测、对可能发生的工伤事故和职业病的后果评估以及采取的可能防止措施。工伤预防侧重于对安全生产过程中工伤事故和职业病的事先防范。工伤预防做得好，可以降低工伤事故和职业病的发生率，从而减少工伤保险待遇的支付和与之相关的大量善后工作。

2. 工伤预防的措施

第一，完善工伤预防法规。预防职业伤害的第一部立法是美国马萨诸塞州1912年制定的《关于就业过程中伤亡职工的工资问题及伤亡事故的预防》。法国（1946年）、澳大利亚（1955年）等国立法规定政府介入企业的工伤预防工作。

第二，加强劳动监察。工伤预防需要以劳动监察作为后盾，劳动监察对于促进雇主遵守有关安全生产法律和规范具有决定性的作用。为了取得成效，任何一种预防政策都要求所有直接有关方面及个人的积极参与。因此，必须有相关组织的代表对这些政策措施进行定期的审议和检查，并获得他们对政策的支持。

第三，宣传教育与培训措施。生产经营单位的安全教育工作是提高员工安全意识和安全素质，防止产生不安全行为，减少人为失误的重要途径。例如，对危险性生产单位、矿山、建筑施工单位的负责人进行培训考核；对特种作业的员工进行上岗作业前的专门安全技术培训和技能培训；提高职工的安全技术知识，增强安全操作技能，从而保护自己和他人的安全与健康。

第四，技术与管理措施。技术措施主要包括防止事故发生的安全措施，如消除危险源、限制危险物质和减少事故损失的安全技术。在管理措施上，建立安全生产责任制是减少工伤事故最有效的手段之一。

第五，培育安全文化。要真正遏制工伤事故，培育安全文化十分重要。自 2004 年以来，国际劳工组织讨论制定了关于《促进职业安全卫生框架》的政策文件，其中将促进安全文化作为其重要内容。例如，在澳大利亚的职业安全卫生战略中，工作场所各方确认将安全卫生作为其正常经营的一个组成部分，确定安全文化是组织文化的一个方面并被视为经营战略成功的一个指标。

9.4.2 工伤康复

1. 工伤康复的内涵

工伤康复是指在工伤社会保险的体系下，利用现代康复的手段和技术，为工伤职工提供医疗康复、职业康复、社会康复等服务，最大限度地恢复和提高他们的身体功能和生活自理能力，并尽可能恢复他们的职业劳动能力，从而促使工伤职工回归社会和重返工作岗位。1964 年通过的《工伤事故和职业病康复津贴公约》提出，政府应当重视职业康复工作，提供充足的财政援助，以满足残疾人对职业康复的需要。从此，工伤康复作为现代工伤保险的一部分并为世界大多数国家所接受。工伤康复作为现代工伤保险制度的重要目标之一，是以人为本的科学发展观的重要体现和构建和谐社会的重要内容。

2. 工伤康复的内容

工伤康复涵盖的内容非常广泛，既包括了工伤残疾预防、医疗康复、职业康复、社会康复以及康复辅助器具配置等专业技术工作，也包括了工伤康复政策、康复标准的制定以及工伤康复管理等社会工作。我国现阶段工伤康复机构所开展的工作内容主要集中于工伤医疗康复和康复辅助器具配置两个方面，工伤职业康复和社会康复处于起步阶段。

（1）工伤残疾预防。预防残疾是工伤康复的重要组成部分，其基本目标是改善工伤职工的身心、社会、职业功能，预防残疾的发生、发展，预防各种严重并发症，保持现有功能或延缓功能衰退，使工伤职工能在某种意义上像正常人一样过着积极的有生产性和创造性的生活。工伤残疾预防可以分为一级预防、二级预防和三级预防。工伤康复的一级预防是安全生产，预防工伤事故的发生；如果发生工伤事故，造成了职工组织器官和功能的缺损，则要采取积极的救治与康复措施，防止工伤职工出现永久性的残疾，这就是工伤康复的二级预防；工伤职工不可避免地出现永久残疾时，则要采取积极的康复措施，预防工伤职工出现社会能力障碍（残障），这就是工伤康复的三级预防。

（2）工伤医疗康复。工伤医疗康复主要是利用各种临床诊疗和康复治疗的手段，改善和提高工伤职工的身体功能和生活自理能力，其内容主要包括康复评定、康复治疗和康复护理，还包括手术、药物等促进功能恢复的临床诊疗技术。康复评定是基础，一切康复治疗都要在康复评定的基础上进行，而且康复效果也需要通过康复评定来判断，其主要内容包括躯体功能评定、精神功能评定、语言功能评定、社会功能评定、伤残等级评定和辅助器具适配性评定等方面。康复治疗是医疗康复的核心，工伤康复目标需要通过康复治疗来实现。

（3）工伤职业康复。职业康复是综合使用药物、器具、疗养、护理、就业咨询及职业能力测定、就业前的职业教育与训练、就业安置等多种手段，帮助工伤职工恢复正常人所具备的工作、生活能力和心理状态的一项工作。通过职业康复使工伤职工恢复就业能力，取得就业机会，并能通过自己的劳动获得相应的报酬，从而获得经济上的独立和人格的尊严，在实际意义上融入社会。

（4）工伤社会康复。社会康复是指运用社会学的理论和方法研究和解决残疾人和其他康复对象的康复问题，其主要目的是尽可能减轻残疾造成的后果，使残疾人充分参与社会生活，使其获得权利、尊严和平等。社会康复常采用个案管理的工作模式，提供政策咨询、残疾适应辅导、社区资源协调、家庭康复指导等服务，个案管理对工伤职工提供从入院开始直至回归工作岗位或社区生活的全程服务，所有服务及措施需符合工伤者个性化的康复需求，包括沟通、协调工伤者与相关利益者的关系，适当的转介，发现和利用现有资源，探索不同的重返工作的机会或选择。

（5）工伤康复辅助器具配置。康复辅助器具配置主要是指为残疾人和功能障碍者设计、制作功能代偿器具。康复辅助技术在某种程度上消除或抵消了残疾者重返社会的物理障碍，是康复医学的重要手段之一。依据我国 2004 年制定的国家标准《残疾人辅助器具、分类和术语》（GB/T16432—2004），将残疾人辅助器具分为 11 个主类、135 个次类和 741 个支类三个层次。

10 社会保险的经济效应

社会保险制度的经济效应主要表现在对个人储蓄、收入再分配、劳动力的供求、经济周期的波动等方面。

10.1 社会保险对储蓄的影响

储蓄既是一种个人经济行为，也是整个经济运行的一种结果。因此，储蓄水平的高低，对国家的经济发展和经济增长具有重要的影响作用。经济学家一般认为，高储蓄率会形成高投资率，进而可以带来高经济增长率。因而，储蓄的增减变化历来是经济学家们长期关注的问题。社会保险制度是增加储蓄还是减少储蓄，在工业化国家曾经有过长期激烈的争论，由于社会保险与储蓄之间的经济关系极为复杂以及受诸经济和非经济因素的影响，社会保险的储蓄效应备受人们的关注。

社会保险对储蓄的影响取决于社会保险基金的筹资方式——现收现付制和完全基金积累制。

10.1.1 现收现付制对个人储蓄的影响

费尔德斯坦通过研究发现[①]，某些条件下，社会保障制度有可能减少个人储蓄，他将这一现象称为社会保障对个人储蓄产生的"挤出（Crowding-out）效应"。他认为，社会保障会通过两个相反的力量影响个人储蓄。一个力量是人们既然可以从公共养老金计划中获得养老金收益，就可以减少为了退休期的消费而在工作期间积累财产的需要，这叫作资产替代效应。另一个力量是因为与资产审查有关的社会保障可以增加储蓄，因而可能诱使人们提前退休。提前退休意味着工作年限的缩短和退休期的延长，这又反过来要求人们要有一个比较高的储蓄率，这叫作退休效应。个人储蓄的净效应取决于这两个相反方向的效应的力量对比：如果资产替代效应大于退休效应，个人储蓄就会减少；反之，个人储蓄就会增加。

1997 年的世界银行报告认为，现收现付制的养老保险计划要求年轻人为此制度缴纳工资税，将来再为其支付养老金。年轻一代将打算用于储蓄的钱用来缴纳工资税，即减少储蓄来为养老金提供资金。但是大量的实证研究却无法证明，一旦实行现收现

---

① M FELDSTEIN. Social Security, Induce Retirement and Aggregate Capital Formation [J]. Journal of Political Economy, 1974, 85 (5): 905-926.

付制就会减少储蓄。有学者对加拿大、法国、日本、德国、瑞典和英国进行研究，结果表明，现收现付制的老年保险计划对储蓄没有多大影响。

10.1.2　完全积累制对个人储蓄的影响

在实行完全积累的筹资机制下，要求劳动者积累一定的储蓄额，供劳动者享受保险待遇期间使用。社会保险基金不当期使用，必然成为储蓄的一个重要来源。1997年，世界银行通过美国职业年金方案、澳大利亚的职业年金方案和新加坡、智利的例证，认为完全积累制有增加居民储蓄和促进资本形成的潜力。

10.2　社会保险对收入再分配的影响

收入再分配既是社会保险制度的原因，也是社会保险制度的结果。社会保险对收入再分配的效应主要表现在以下几个方面：

10.2.1　代际收入再分配和代内收入再分配

在社会保险基金实行现收现付的筹资体制下，个人收入再分配以代际转移的方式实现。下一代人创造的财富中，有一部分以缴纳养老金的形式转移给上一代。这种筹资方式对社会公平的影响较大。在社会保险基金实行完全积累制的筹资机制下，个人收入再分配是对个人生命周期内收入的分配，对社会公平的影响力较小。由此可见，两种不同的筹资方式所产生的收入分配结果是不同的，这种结果将会直接影响人们的决策，如现收现付筹资方式下的提前退休等。

10.2.2　对同代社会成员之间的收入再分配

有学者研究表明，社会保险将会更有利于收入由低收入阶层向高收入阶层转移。理由是低收入阶层的寿命一般比高收入阶层短，此外，高收入阶层长寿对低收入阶层具有负外部性，因为社会保险机构往往按照长寿的受益水平提取保险费，使保障的价格提高，因而对于低收入阶层具有不利的影响。因此，低收入阶层的实际受益要比高收入阶层少，低收入阶层的收入向高收入阶层转移。有的学者则持相反的观点，他们认为，高收入阶层所缴纳的保险费（税）要远远高于低收入阶层，但由于社会保险只保证基本生活需要，因此对于高收入阶层来讲，其替代率要低得多。应该说，以上各种观点都有其合理性，至于社会保险基金的转移支付更有利于高收入阶层还是低收入阶层，在一定程度上取决于该国的社会保险政策。一般来说，社会保险制度应该向低收入阶层倾斜，以体现社会公平。

另外，社会保险制度的收入再分配还表现在男人与女人之间、受教育程度高者与受教育程度低者之间。研究表明，收入再分配更有利于女人和受教育程度低者。

10.3　社会保险对劳动供求与流动的影响

10.3.1　社会保险对就业决策的影响

社会保险制度在一定程度上影响人们的就业决策。

首先，社会保险制度影响人们对于工作与闲暇的选择。社会保险给付水平过高使闲暇成本过低，诱使人们选择自愿性失业或休闲。在经济发达的福利国家中，人们享受较高的失业保险金，因而出现自愿失业，影响了劳动力的供给总量。

其次，社会保险制度还影响人们对于退休时间的选择。在保险基金采用现收现付的筹资机制下，劳动者在职期间缴纳保险费的多少往往并不直接与未来的保险金待遇对等，使劳动者选择提前退休，这无疑会加重社会保险的负担，对劳动力的市场供给产生直接影响。在完全积累制或个人账户制养老保险财务的机制下，劳动者缴纳的保险费从资金积累的直接意义上决定着其未来领取养老金的数额。因此，它对劳动力市场供给的影响程度较小。在实行完全积累制或个人账户制的条件下，由于强调了保险缴费与待遇享受之间的内在联系，将有助于减轻社会保险运行机制存在的不利于劳动力市场供给的经济影响。

10.3.2　社会保险对劳动参与和劳动雇佣的影响

社会保险制度不仅影响劳动者是否参与劳动的决策，同时也影响着企业雇佣劳动者的决策。因为社会保险缴费（税）的实行，无疑增加了企业的劳动成本。因此，如果社会保险缴费过高，劳动力成本增加过快，就会使产品成本上升，竞争力下降，甚至失去市场，最终影响企业对劳动者的需求。西方福利国家由于社会保险税率较高，已严重地影响企业对劳动力的需求，造成了严重的失业问题。毫无疑问，劳动力成本的上升导致的产品竞争能力的下降是社会保险缴费中要考虑的一个重要问题。随着国际市场的开放，国家和企业越来越关心社会保险缴费是如何影响其产品的国际竞争力的。

10.3.3　社会保险对劳动力流动的影响

社会保险制度对劳动力流动的影响程度仍然是一个有待研究的问题，但社会保险制度对劳动力跨地区、跨所有制、跨行业的流动确实有着重要的影响。在我国现阶段尤其是劳动者从农村流向城市、从内地流向沿海，既有高工资的预期，也受高福利的利益驱动，其中保险福利的差异是影响流动的重要原因。但是，由于我国现行社会保险制度实行个人账户和社会统筹相结合，个人账户可以随劳动力的流动发生转移，但社会统筹基金的转移却十分困难，这是制约劳动力流动的一个重要因素，很多劳动者由于害怕失去既得利益，而放弃了流动，这将直接影响我国劳动力市场的建立。因此，目前当务之急是实行打破地区、所有制和行业的限制，实行不分所有制、不分行业、不分属地管理的统一的社会保险制度。

10.4　社会保险对经济周期波动的影响

社会保险的再分配具有推动经济发展的作用。美国经济学家萨缪尔森对社会保险制度所发挥的内在稳定器的作用给予了充分的肯定,他说:"在繁荣的年份,失业准备金不但增长,而且还对过多的支出施加稳定性的压力。相反地,在就业较差的年份,失业准备基金使人们获得收入以便维持消费数量和减轻经济活动的下降。其他的福利项目——如社会保险以外的公共服务的就业和家庭救济金——也自动发生稳定性的反周期的作用。"[①] 这说明在经济繁荣时期,就业率和个人收入增加,社会保险基金收入增加,需要社会保障提供援助的家庭和个人减少,整个社会的保障基金支出就会减少,国家财政相应地可以减少转移支付,抑制过度需求,继而推动经济持续协调地发展;相反地,在经济不景气的时期,失业人数和低收入家庭增多,需要扩大社会保障的支出项目和数额,国家财政相应地增加转移支出,以刺激社会需求,摆脱经济困境,最终促进经济发展。因此,社会保险制度在一定程度上具有熨平经济周期波动的作用。

---

① 萨缪尔森. 经济学(上册)[M]. 高鸿业,译. 北京:商务印书馆,1979.

参考文献

［1］ M FELDSTEIN. Social Security, Induce Retirement and Aggregate Capital Formation ［J］. Journal of Political Economy, 1974, 85 (5)：905-926.

［2］ GEORGE E REJDA. Social Insurance and Economic Security ［M］. N. J. Prentice Hall, 1976：10-15.

［3］ 费孝通. 家庭结构变动中的老年赡养问题：再论中国家庭结构的变动 ［J］. 北京大学学报（哲学社会科学版），1983 (3)：7-16.

［4］ 杨燕绥. 中国延税型养老储蓄政策的路径选择 ［J］. 武汉金融，2012 (8)：8-11.

［5］ 封进，何立新. 中国养老保险制度改革的政策选择——老龄化、城市化、全球化的视角 ［J］. 社会保障研究，2012 (3)：29-41.

［6］ 保罗·A. 萨缪尔森. 经济学 ［M］. 高鸿业，译. 北京：商务印书馆，1979.

［7］ 陈良瑾. 社会保障教程 ［M］. 北京：知识出版社，1990.

［8］ 邓大松. 社会保险 ［M］. 武汉：武汉大学出版社，1989.

［9］ 李绍光. 养老金制度与资本市场 ［M］. 北京：中国发展出版社，1998.

［10］ 侯文若. 全球人口趋势 ［M］. 北京：世界知识出版社，1998.

［11］ 任正臣. 社会保险学 ［M］. 北京：社会科学文献出版社，2001.

［12］ 郑功成. 社会保障概论 ［M］. 上海：复旦大学出版社，2008.

［13］ 林义. 社会保险 ［M］. 北京：中国金融出版社，2010.

［14］ 胡务. 社会救助概论 ［M］. 北京：北京大学出版社，2010.

［15］ 胡务. 社会福利概论 ［M］. 成都：西南财经大学出版社，2008.

［16］ 林义. 社会保险基金管理 ［M］. 北京：中国劳动社会保障出版社，2007.

［17］ 孙树菡. 社会保险学 ［M］. 北京：中国人民大学出版社，2008.

［18］ 袁志刚，封进，等. 养老保险经济学：解读中国面临的挑战 ［M］. 北京：中信出版社，2016.